Renate Goldstein

Wer Schmetterlinge lachen hört ...

Roman

dgvt Verlag

Renate Goldstein

Wer Schmetterlinge lachen hört ...

Roman

dgvt Verlag

Kontaktadresse der Autorin:
Dipl.-Psych. Renate Goldstein
Marnkeweg 30
27619 Spaden

Die Deutsche Bibliothek – CIP-Einheitsaufnahme
Ein Titelsatz für diese Publikation ist bei
der Deutschen Bibliothek erhältlich

Sudhaus
Hechinger Straße 203
72072 Tübingen

Layout: Verlagsservice Monika Rohde, Leipzig
Umschlagbild: Heinz Glaasker, Bremerhaven
Druck: Druckerei Deile GmbH, Tübingen
Bindung: Buchbinderei Nädele, Nehren

ISBN 3-87159-888-7

Wer Schmetterlinge lachen hört,
der weiß, wie Wolken schmecken.
Der wird im Mondschein, ungestört von Furcht.,
die Nacht entdecken.

Der wird zur Pflanze, wenn er will.
Zum Tier, zum Narr, zum Weisen.
Und kann in einer Stunde
durchs ganze Weltall reisen.

Der weiß, dass er nichts weiß.
Wie alle anderen auch nichts wissen.
Nur weiß er, was die anderen,
und auch er noch lernen müssen.

Wer in sich fremde Ufer spürt
und Mut hat, sich zu recken;
der wird allmählich ungestört von Furcht,
sich selbst entdecken.

Abwärts zu den Gipfeln
seiner selbst blickt er hinauf.
Den Kampf mit seiner Unterwelt
nimmt er gelassen auf.

Wer Schmetterlinge lachen hört,
der weiß, wie Wolken schmecken.
Der wird im Mondschein, ungestört von Furcht,
die Nacht entdecken.

Wer mit sich selbst in Frieden lebt,
der wird genauso sterben;
und ist selbst dann lebendiger
als alle seine Erben.

Text: Novalis (Friedrich Freiherr von Hardenberg)
überarbeitet von der Gruppe „Novalis“
Tonträger: BRAIN/Metronome

Nach reiflichen Überlegungen entschloss ich mich, das Leben von Marita in der Gegenwart zu schreiben. Der Leserin und dem Leser soll Gelegenheit gegeben werden, Marita ein Stück auf ihrem Lebensweg zu begleiten. Und wie kann das besser gehen als im Hier und im Jetzt.

Die Autorin.

Dezember 45. Die Kälte, die sich nicht nur in den Straßen und Häusern ausbreitet, sondern sich auch tief in die Herzen der Menschen gegraben hat, lässt sie in ihrem Wunsch nach Nähe, ihrer Sehnsucht nach Wärme und Geborgenheit, zusammenrücken. Die Wertvorstellungen der letzten Jahre haben ihre Gültigkeit verloren. Wer jetzt übrig geblieben ist nach all dem Grauen der vergangenen Jahre, rückt zusammen.

Auch in Hamburg rücken zwei Menschen zusammen: Isabell Kern und Hagen Leist. Beide haben die Kriegsgeschehnisse physisch überlebt. Wie es mit dem Überleben der Seele aussieht???

Beide wissen um ihre Verletzungen und Verluste, die der Krieg ihnen zugefügt hat. Doch darüber sprechen sie an diesem bitterkalten Dezemberabend, einen Tag vor Heiligabend, nicht.

Isabell lebte vor Kriegsbeginn in einer alten Patriziervilla, eingebettet in die Geborgenheit einer Hamburger Kaufmannsfamilie. Schwere Verluste musste sie während des Krieges hinnehmen. Bis auf die älteste Schwester Hanne, die seit ihrer Heirat außerhalb Hamburgs wohnt, verlor sie bei einem der ersten Bombenangriffe ihre gesamte Familie.

Zunächst sah es so aus, als ob Isabell die schmerzlichen Verluste nicht verkraften würde; letztendlich aber siegte ihr Überlebenswille.

Hagen hatte Glück im Unglück. Der Verlust eines Beines lange vor Kriegsende führte dazu, dass er die letzten sinnlosen Kämpfe an der Front nicht mehr miterleben musste und in die Heimat zurückkehren konnte. Doch wie sah diese aus?

Hagen bezweifelte mitunter, ob sich das Leben für ihn – den Krüppel – noch lebenswert gestalten würde.

Keiner von beiden verschwendet an diesem Abend, in dieser Nacht, einen Gedanken an die Folgen, die sich aus ihrem Zusammensein ergeben können.

❖

Am 5. September 46 trägt der Hamburger Standesbeamte Stelling die Geburt des Kindes Marita ein, Kind des Arbeiters Hagen Leist und seiner Ehefrau Isabell Leist, geborene Kern.

Marita ...

Zwei Tage nach meinem vierten Geburtstag soll ich als nachträgliches Geburtstagsgeschenk meine kleine Schwester Elke bekommen. Das wird ein Spaß werden. Hoffentlich wird sie schnell groß, damit ich mit ihr spielen kann.

Gespannt warte ich bei der Nachbarin, Frau Böhme, wie meine kleine Schwester aussieht. Endlich höre ich die Haustür und Mutter eilt mit einem kleinen Bündel so schnell die Treppen hoch, dass Vater auf seinen Krücken gar nicht folgen kann. Ich bin ganz zappelig vor lauter Vorfreude. Mutter beugt sich zu mir hinunter und hält mir behutsam das Kleine hin. „Schau, Marita, dies ist dein kleiner Bruder Heiner. Wir müssen ganz behutsam mit ihm umgehen, denn er ist ja noch so klein.“

Entsetzt weiche ich zurück.

Dann stimmt es also, was Papa mir freudestrahlend erzählte als er aus dem Krankenhaus kam. Mir erst ein Schwesterchen versprechen und dann einen Bruder präsentieren. Das ist doch die Höhe. Aber schließlich bin ich bereits vier Jahre alt und habe meine Strategien gelernt.

Als erstes Plan A: ich reibe mit den Händen meine Augen und weine dabei ganz jämmerlich. Aus Erfahrung weiß ich, dass Mutter dann sofort auf mich zueilt und mich tröstet.

Heute scheint ein Fehler in meinem System zu sein, denn Mutter kümmert sich keineswegs wie sonst um mich. Im Gegenteil, nun fängt dieses Bündel Mensch auf ihrem Arm auch noch zu weinen an, und Mutter wiegt es sanft auf ihrem Arm. Sie flüstert dabei zärtliche Worte der Beruhigung.

Also Plan B: mein bisher leises Weinen steigert sich zu sirenenähnlichem Geheul. Mein so dokumentierter Protest wird von mir noch durch Füßetrampeln unterstützt. Zu meiner Überraschung nehmen mich weder Mutter noch Vater in den Arm, sondern wenden sich wortlos von mir ab, um in unsere Wohnung in den zweiten Stock zu gehen.

Kein Zweifel: ich bin *entthront!* Eine Ahnung beschleicht mich, dass in Zukunft nichts mehr so sein wird wie bisher.

***

Die folgenden Monate lassen mich durch eine Hölle gehen. Meine von mir über alles geliebten Eltern, die mir bisher ganz allein gehörten, haben nur noch Augen für Heiner. Ich hasse ihn von ganzem Herzen und hoffe immer noch auf das Wunder, dass dieser Störenfried, der mir die Aufmerksamkeit und die Liebe der Eltern stiehlt, verschwindet. Jeden Morgen nach dem Aufstehen sehe ich als Erstes nach, ob er noch da ist. Wo ich kann, kneife ich ihn und füge ihm Schmerzen zu. Ich achte genau darauf, dass keiner in der Nähe ist, wenn ich ihn trieze, denn in meinem Inneren ahne ich, dass ich etwas Böses, Verbotenes tue.

Manchmal, wenn Mutter in der Küche hantiert, sehe ich ihn mir lange an. Ich glaube, ich könnte ihn sogar niedlich finden, wenn er zu Frau Böhme oder einer anderen Mutter gehören würde.

Heiner ist jetzt zwei Monate alt. Heute Nachmittag bekommen wir Besuch von Mutters Freundinnen. Fröhlich trällernd trifft sie in der Küche die Vorbereitungen, und ich bin mit Heiner alleine im Zimmer. Heiner liegt ganz friedlich in seinem Bettchen und sieht sehr zufrieden aus. Kann er ja auch, schließlich kümmern sich alle um ihn!

Ich beschließe, ihn ein für alle Mal loszuwerden. Es ist ein Kinderspiel für mich, über einen kleinen Schemel in Heiners Bett zu gelangen. Ich packe ihn mit meiner ganzen

Kraft, die ich habe, und beschließe, ihn aus dem Bett zu schmeißen. Ich bin mir noch nicht darüber im Klaren, was ich mit ihm machen werde, wenn ich es geschafft habe, ihn auf den Fußboden zu schmeißen. Das einzige, was mich beherrscht, ist der Gedanke, den ungeliebten Nebenbuhler loszuwerden.

Der plötzliche Ruck, der Heiner aus seinem Schlaf reißt, lässt ihn sofort zu weinen anfangen. Mutter stürzt in das Zimmer und herrscht mich an: „Marita, was machst du mit dem Kleinen?“ Ohne meine Antwort abzuwarten, gibt sie mir eine Ohrfeige, die meine Wange brennen lässt. Dann wendet sie sich liebevoll Heiner zu. Ich spüre, wie der Hass, den ich für Heiner empfinde, in meiner Brust brennt.

Mutters Freundinnen sind entsetzt, als sie von mir und dem Ereignis am Vormittag hören. Sie ermahnen mich noch einmal eindringlich, lieb zu Heiner zu sein und Mutter bei seiner Versorgung und Pflege beizustehen.

Als ich abends in meinem Bett liege, male ich mir aus, wie es sein könnte, wenn ich ganz alleine auf der Welt wäre. Mutter und Vater reden oft vom Krieg, der so vieles zerstört hat und viele Menschen hat sterben lassen. Vielleicht habe ich Glück, und es wird bald wieder Krieg, und alle Menschen, die ich kenne, sind tot. Ich wäre dann ganz alleine und keiner könnte mir mehr wehtun.

Als Vater von seinem Pförtnerposten nach Hause kommt, krieche ich ganz tief unter meine Decke und stelle mich schlafend. Nach einer Weile wird es mir dort zu warm und ich strecke meinen Kopf etwas heraus. Gerade in diesem Moment höre ich Mutter sagen: „Ich weiß nicht mehr, was wir mit Marita noch machen sollen. Sie hat sich zu einem aggressiven, bösen Kind entwickelt. Ich kann sie nicht einmal mehr für ein paar Minuten mit dem Kleinen alleine lassen.“

Vaters Stimme klingt resigniert als er Mutter antwortet. „Ja, unsere Marita ist ein richtiger Wüterich. Es wird uns nichts anderes übrig bleiben, als sie in Zukunft noch härter anzufassen. Wir dürfen sie auf gar keinen Fall mit ihrem Zorn durchlassen. Sonst wächst sie uns eines Tages über den Kopf."

Am liebsten möchte ich aus dem Bett springen und mich wie früher in Vaters Arme stürzen. Vater, du musst doch wissen, dass ich ein guter Mensch werden möchte – ich weiß doch aber nicht, wie das geht – und ich weiß nicht, wo mein Zorn herkommt. Jeden Abend bete ich mein Nachtgebet, so wie du es mich gelehrt hast; dass der liebe Gott mich fromm macht, damit ich in den Himmel komme. Aber am nächsten Morgen fühle ich mich wieder nicht fromm, sondern nur zornig.

***

Fünf Jahre bin ich alt, als wir eine größere Wohnung bekommen. Wir verlassen unser kleines behagliches Zuhause und ziehen nach Eilbek in eine Zweieinhalb-Zimmer-Wohnung. Der Schaden, den der Krieg angerichtet hat, ist noch immer zu sehen.
Nur wenige Häuser wurden von den Bomben verschont. Sie ragen einsam zwischen Trümmerflächen heraus. Zwischen verwilderter und überwucherter Erde liegen Behelfsheime, einige Hühnerställe und Nissenhütten. Sie sind inzwischen ausgebaut und vermitteln einen fast gemütlichen Eindruck.

Mutter und Vater sind überglücklich über die größere Wohnung. Der Verwalter des Hauses, Herr Heinzer, wohnt ebenfalls im Haus. Ich mache von Anfang an einen großen Bogen um ihn, denn Karin aus der Wohnung unter uns erzählt mir flüsternd und voller Respekt hinter vorgehaltener Hand bereits am Tag nach unserem Einzug von ihm. Er sei ein Kinderhasser und alle Kinder, die nicht hören und ihn ärgern, sperre er in den Rattenkeller, der sich unten im Mietshaus befindet. Herr Heinzer obliegt auch die Aufgabe, regelmäßig mit einem uralten Benzinrasenmäher die Rasenflächen zu bearbeiten. Außerdem ist er dafür zuständig, an Feiertagen die Flagge zu hissen. Mutters Freude, am Haus eine große Rasenfläche zu haben, wird ihr von Herrn Heinzer rasch genommen. Denn das Betreten der Rasenflächen sei selbstverständlich verboten. Ich höre den drohenden Unterton in seiner Stimme, als er Mutter belehrt. Wenn sie auch keinen Hehl daraus macht, dass sie keineswegs mit diesem Verbot einverstanden ist und auch Bereitschaft zeigt, in dieser Angelegenheit dem Vermieter den Kampf anzusagen, so würden mich keine zehn Pferde dazu bringen, auch nur mit den Fußspitzen den Rasen zu betreten, denn Herr Heinzer und der Gedanke an seinen Rattenkeller sind mir allgegenwärtig, sobald ich die Rasenfläche sehe.

Karin und Gudrun wohnen mit mir in einem Haus. Karin ist mit ihren fünf Jahren so alt wie ich. Gudrun wird bald sieben. Sie schaut auf uns „Kleinen“ manchmal ganz geringschätzig herab. Dann kann ich sie nicht ausstehen. Als sie es nicht hörte, habe ich schon mal „alte Ziege“ hinter ihr hergemurmelt.

Gudrun hat ein Fahrrad, um das ich sie heiß beneide. Manchmal ist sie sehr nett. Dann darf ich auf ihrem Fahrrad fahren, und sie hält sogar hinten den Gepäckträger fest, damit ich nicht umfalle.

Eine Freifläche hat es uns Kindern besonders angetan. Wir nennen sie den Hein-Gummi-Platz. Kein Mensch weiß, wie dieser Name zustande gekommen ist. Liegt es an einigen alten Autoreifen, die unachtsam irgendjemand dort entsorgt hat? Wir Kinder – neun in der Straße im Alter von fünf bis zehn Jahren – lieben diesen Platz. Mit Schlangenblumen schmücken wir unsere Wohnung, die wir aus alten Brettern, weggeworfenen Tannenbäumen und zerbrochenen Steinen bauen. Kränze werden aus Kleeblumen geflochten und dienen als Schmuck für unsere Hochzeitsspiele und Prinzessinnenrollen. Für mich steht fest, dass Helmut, ein sechsjähriger Junge, später mein Ehemann wird. Ich achte sorgsam darauf, dass bei den Hochzeitsspielen niemand anderes als ich die Braut von ihm spielt. Viele Kinder werde ich mit ihm haben – mindestens sechs Stück – und natürlich werden wir nur lieb und nett zu unseren Kindern sein. Helmut muss dann, wenn wir verheiratet sind, arbeiten gehen, und ich mache unsere Wohnung sauber und spiele mit den Kindern.

Mein Traum zerplatzt wie eine Seifenblase als die Familie Wender in unser Haus einzieht, und Helmut nur noch Augen für Inka, die Tochter des Hauses, hat.

***

Der Sommer 1951 vergeht für mich wie im Fluge. Kaum habe ich ausgeschlafen, mich gewaschen und angekleidet, zieht es mich bei Wind und Wetter hinaus zu den Freunden. Mit Mühe und Not schafft Mutter es, mich zu Mahlzeiten an den Tisch zu bekommen. Abends falle ich dann todmüde ins Bett.

So kommt es, dass ich erst im kommenden Winter mitbekomme, dass sich die Atmosphäre zwischen Mutter und Vater verändert. Eines Nachts werde ich von lautstarken Stimmen geweckt. Sie kommen aus dem Nebenzimmer, und ich erkenne die Stimmen von Mutter und Vater. Sie sagen sich ganz hässliche Dinge, die sie mir verboten haben. Ich zittere am ganzen Körper. Heiner schläft tief und fest, und ich bete zum lieben Gott, dass er ihn nicht aufwachen lässt. Zum ersten Mal seit seiner Geburt möchte ich ihn in den Arm nehmen und beschützen.

Im Nebenzimmer zerbricht etwas mit lautem Knall.

Ich möchte nachsehen, was nebenan los ist, aber die Angst in mir ist so groß, dass ich mein Bett nicht verlassen mag. Mutter beschimpft Vater als einen Trinker, der nicht bereit ist, anständig für seine Familie zu sorgen. Der Mann von Frau Hälsig würde schließlich seiner Familie auch etwas bieten. Sie habe es satt, jeden Pfennig dreimal umdrehen zu müssen und darüber noch Rechenschaft abzulegen. Vaters Einwand, schließlich sei es nicht sein Verschulden, dass er heute als Kriegsversehrter nur noch eine Pförtnertätigkeit ausüben kann, wird von Mutter mit den Worten weggewischt, das sei noch lange kein Grund, sich mehrmals in der Woche zu besaufen.

Noch nie hat sich Vaters Stimme so wütend angehört, als er Mutter anbrüllt, sie habe es gerade nötig, ihm Vorhaltungen zu machen. Sie solle erst einmal lernen, anständig einen Haushalt zu führen und ihrem Mann eine gute Frau zu sein; dann könne man weitersehen. Schließlich gäbe es auch andere Frauen, die Verständnis für einen Mann wie ihn hätten. Sie solle sich bloß nicht einbilden, sie sei die einzige Frau auf der Welt.

Mutter schluchzt laut auf als Vater mit einem Knall die Haustür hinter sich zuwirft.

In dieser Nacht kann ich nicht mehr einschlafen. Ich höre, wie Mutter sich in den Schlaf weint.

Am nächsten Morgen läuft Mutter mit rotumränderten Augen herum. Ich möchte sie so gerne auf die letzte Nacht ansprechen, aber eine seltsame Scheu hält mich zurück. Eines allerdings ist für mich in dieser Nacht anders geworden: meine Ablehnung Heiner gegenüber kann ich aufgeben. Eine unbestimmte Ahnung sagt mir, dass sich bald in unserem Leben etwas ändern wird und Heiner und ich zusammenhalten müssen.

Die Streitigkeiten der letzten Nacht sollten kein Einzelfall bleiben. Immer lautstarker geht es zwischen Mutter und Vater her. Eines Nachts kommt sogar Herr Heinzer an unsere Tür und sagt, jetzt würde es reichen. Die Hausbewohner hätten endgültig die Nase voll und wünschten ihre Nachtruhe. In dieser Nacht packt Vater ein paar Sachen ein und geht. Zu seiner Hure, wie Mutter ihm nachruft. Am nächsten Tag trägt Mutter eine Sonnenbrille, obwohl keine Sonne scheint, und erzählt der Nachbarin, sie habe eine Augenentzündung. Als sie sich unbeobachtet fühlt und ihre Brille absetzt, sehe ich den wahren Grund für die Verdeckung: die Haut um Mutters linkem Auge ist rot und blau angeschwollen. Mutter erblickt mich und greift verlegen nach ihrer Sonnenbrille. Sie murmelt etwas, das sich anhört, wie „gegen eine Schranktür gelaufen."

***

Ich vermisse Vater nicht. Es bedrückt mich zwar, wenn ich sehe wie Mutter leidet, aber die Aussicht auf Weihnachten und den Schulbeginn zu Ostern lässt vieles in den Hintergrund treten. Helga und ich haben bereits beschlossen, dass wir an einer Schulbank lernen wollen. Umso stärker trifft mich Mutters Entschluss, nach der Trennung von Vater aus Hamburg fortzuziehen. Sie möchte zu ihrer fünf Jahre älteren Schwester nach Bayern. Tante Hanne ist die einzige Verwandte, die Mutter noch hat. Hin und wieder kam sie uns in der Vergangenheit besuchen. Oft war das nicht. Sie verstand sich nicht mit Vater, der von ihr sagte, sie ginge ihm mit ihrem vornehmen Getue auf den Geist.

Sie solle dahin gehen, wo der Pfeffer wächst. Mutter hat Tante Hanne von den Streitigkeiten mit Papa und von Papas Hure geschrieben. Tante Hanne schreibt, wir sollen so schnell wie möglich kommen. Platz sei in ihrem Haus genug seit Onkel Ullrich im Krieg geblieben ist.

***

Bayern – was für ein wunderschönes Land! Ich strahle die Menschen, die mir begegnen, an. Es können nur gute Menschen sein, denn sie begrüßen sich mit einem fröhlichen „Grüß Gott". Hier wird es mir gut gehen, unter all diesen frommen Menschen, die bestimmt den lieben Gott genauso lieb haben, wie ich. Ich beschließe, noch lieber und frommer zu werden, um mich der gläubigen Menschen würdig zu erweisen.

Doch meine Frömmigkeit wird bereits in den ersten Wochen auf eine harte Probe gestellt. Im Nebenhaus wohnt der Pfarrer, von dem Mutter nur voller Respekt spricht. Welch Ehre für sie und unser Haus, wenn Herr Pfarrer uns besucht. Als er mich eines Tages in seine Wohnung einlädt, sagt Mutter voller Freude zu.

Herr Pfarrer hat den Kaffeetisch mit Blumen und einem Kuchenteller gedeckt. Begehrlich schiele ich nach dem Kuchen und vergesse für einen Moment das Unbehagen, das mich beschleicht, seit ich sein Haus betreten habe. „Setz dich doch, Marita, und greif zu", fordert mich der Pfarrer auf. Das lasse ich mir nicht zweimal sagen, und in Windeseile ist das erste Kuchenstück verputzt.

„Marita, ich habe von deiner Mutter gehört, dass du ihr sehr viel Kummer bereitest. Du weißt, deine Mutter hat es sehr schwer, eure kleinen Mäuler zu stopfen. Du musst schön lieb sein und deiner Mutter keinen Kummer bereiten“, tadelt mich der Pfarrer.

Mit gebeugtem Kopf lasse ich seine Predigt über mich ergehen. Betrübt starre ich schuldbewusst auf die geblümte Tischdecke. Gedanken schwirren durch meinen Kopf. Ich will doch lieb und fromm sein – aber manchmal ist mein Zorn so groß – viel größer als meine Frömmigkeit und ich weiß dann nicht, wohin mit meinem Zorn.

Lieber Gott, nun mach doch bitte, dass ich keinen Zorn mehr habe und ganz lieb und fromm werde. Dann hat Mutter es nicht so schwer mit mir. Einige Tränen tropfen auf das Tischtuch. Herr Pfarrer legt seine Hand unter mein Kinn, hebt meinen Kopf und sieht mich zärtlich an. Noch ganz in meinem Kummer eingesponnen, dringt seine Stimme wie von weit her an mein Ohr. „Komm, setz dich zu mir, Marita, damit ich dich besser trösten kann.“ Widerwillig lasse ich mich auf seinen Schoß ziehen. Bevor ich mich versehe, gibt er mir einen Kuss. Ich mag seine Lippen nicht auf meinen Lippen spüren! Und ich mag seine Zunge nicht, die sich in meinen Mund bohrt! Igitt, ich mag es nicht! Ich mag ihn nicht!

Am liebsten würde ich von seinem Schoß springen und nach Hause laufen. Was aber ist, wenn Mutter böse mit mir ist, wenn ich nicht lieb zu Herrn Pfarrer bin. Außerdem ist der Pfarrer ein guter Freund vom lieben Gott. Vielleicht ist auch der liebe Gott böse mit mir, wenn ich nicht lieb zu seinem Freund bin. Hin- und hergerissen dulde ich die Bewegungen seiner Zunge in meinem Mund.

Unvermittelt lässt der Pfarrer mich los und stopft mir ein klebriges Bonbon, das er aus einer kleinen Bonbonniere fischt, in den Mund. „So, Marita, du musst nun nach Hause gehen. Kommst du mich bald wieder besuchen?“ Ich nicke heftig – weiß jedoch in meinem Inneren, dass ich sein Haus nicht wieder betreten werde. Lieber Gott, so bin ich also auch noch zu einer Lügnerin geworden. Lieber Gott, nun mach doch endlich, dass ich ganz fromm und lieb werde und meiner Familie keine Schande mache.

***

Mein Umfeld hat sich durch unseren Umzug total verändert. In der Vergangenheit waren mir die Kinder in unserer Straße in Eilbek das Wichtigste. Jedoch hier unter Gleichaltrigen fühle ich mich nach kürzester Zeit allein und isoliert. Mutter ist durch die Trennung vom Vater verbittert und unausstehlich. Heiner ist mir zwar ans Herz gewachsen, jedoch noch zu klein, um draußen herumzutoben. Tante Hanne ist voller Fürsorge, vielleicht spürt sie meine Traurigkeit.

Die Spielkameraden aus Hamburg fehlen mir sehr. Ich nehme mir vor, in der Schule schnell lesen und schreiben zu lernen, damit ich Helga einen Brief schreiben kann. Was habe ich den Kindern hier nur getan, dass sie sich über meine Sprache lustig machen? Ich verstehe ihre Sprache doch auch kaum und bin trotzdem nicht hässlich zu ihnen. Tante Hanne sagt, die Menschen sprechen hier einen anderen Dialekt als in Hamburg. Die Kinder hänseln mich, wo sie können, sie rufen mir schlechte Wörter hinterher und nennen mich Arschgesicht und Saupreuß.

Sie scheinen nicht zu wissen, dass solche Wörter eine Sünde sind. Haben sie denn gar keine Angst vor der Strafe Gottes? Gerade hier in diesem Land, wo überall Zeichen von Gott und Gottes Sohn angebracht sind. Überall, auch auf kleinsten Wegen, stehen Kapellen mit Lichtern. Wie gerne würde ich auch schlechte Wörter hinter den Kindern herrufen. Dem dicken Joachim würde ich sogar am liebsten eine kleben. Da ich aber weiß, dass es eine Sünde ist, wenn ich nicht lieb und artig bin, gehe ich lieber weg, wenn Joachim kommt und mich ärgern will. Hoffentlich hat der liebe Gott auch gesehen, dass *ich* keine Sünderin bin.

Das Weihnachtsfest naht. Der Tannenbaum, den Tante Hanne in die gute Stube stellen lässt, reicht fast bis unter die Decke. Oben auf der Spitze des Baumes soll ein kleiner Engel sitzen. Er ist wunderschön und glitzert geheimnisvoll. Tante Hanne fragt mich, ob ich den Engel auf die Spitze setzen möchte, und begeistert stimme ich zu. Als Tante Hanne mich hochhält, damit ich die Baumkrone erreiche, platze ich fast vor Stolz. Als ich dann auch noch die Zweige mit Engelshaar behängen darf, bin ich außer mir vor Begeisterung.

Kurz vor Heiligabend höre ich, wie Mutter zu Tante Hanne sagt, „verwöhn die Kinder nicht zu sehr“.

Tante Hanne antwortet, „sie haben ein besonders schweres Jahr hinter sich, da sollen sie wenigstens Weihnachten nicht zu kurz kommen“.

Am 24. Dezember legt der Weihnachtsmann (hier in Bayern bekommt er viel Unterstützung durch das Christkind) eine Menge Geschenke unter den Tannenbaum. Ich habe ihn nicht gesehen, denn wir waren leider gerade in der Kirche, als er bei uns war. Er muss aber von der langen Fahrt vom Nordpol hierher ziemlich hungrig gewesen sein, denn alle Kekse, die wir für ihn auf die Fensterbank gestellt haben, sind bei unserer Wiederkehr aus der Kirche verschwunden.

Auch Vater hat Weihnachten an uns gedacht. Er hat uns (Heiner und mir) einen Brief geschrieben, in dem steht, er habe uns sehr lieb, er denke viel an uns und möchte uns gerne wiedersehen. Ich habe gehört, wie Tante Hanne und Mutter über den Brief von Vater sprachen. Wenn es nach

Mutter geht, hätte sie uns den Brief nicht vorgelesen. Tante Hanne hat aber darauf bestanden. Sie meint, Kinder haben nicht nur eine Mutter, sondern auch ein Recht auf einen Vater. Mutter hat dann gesagt, das sei kein Vater, sondern ein Schweinehund. Tante Hannes Stimme klingt sehr energisch als sie Mutters Einstellung zu ändern versucht. Da Mutter auf Tante Hannes Meinung sehr viel Wert legt, gibt sie zähneknirschend nach.

Wenn ich nachts im Bett liege, habe ich doch manchmal Sehnsucht nach Vater. Tante Hanne hat gesagt, wir können Vater gern im Sommer besuchen – aber nur, wenn wir es wollen. Ich glaube, ich möchte Vater schon gerne wiedersehen. Ob er mich noch erkennt? Oder ich ihn? Ich habe von Mutter gehört, dass Vater jetzt mit einer anderen Frau zusammenlebt. Ich habe damals, als Mutter und Vater sich stritten, gut zugehört und weiß noch, wie die Frau heißt: Frau Hure. Ich nehme mir ganz fest vor, Vater zu besuchen, aber nichts bei ihm zu essen. Vielleicht will die Frau mich loswerden und gibt mir vergiftetes Essen. So ist das bei Schneewittchen auch gewesen. Ich werde ganz tüchtig aufpassen.

***

Heute ist Einschulung. Ich habe einen roten Ledertornister bekommen und eine gelbe Schultüte mit goldenen Fransen. Tante Hanne hat einen Fotoapparat mit zur Schule genommen, weil sie unbedingt ein Foto von mir vor der Schule machen will. „Zur Erinnerung an meine Große“, sagt sie. Ich kenne einige Gesichter der Kinder, die mit mir in einen Klassenraum kommen. Mit zwei Mädchen habe ich schon mal draußen gespielt. Sie waren nicht so gemein zu mir, wie die anderen. Eines davon setzt sich zu mir an das Pult. Sie heißt Erika. Eine nette Frau sagt, sie sei unsere Lehrerin. Sie gibt uns Papier und bittet uns, ein Bild zu malen. Ich hole meine Stifte aus meiner Mappe, aber ganz passt mir die Aufgabe nicht, die uns die nette Lehrerin gibt. Schließlich bin ich nicht zum Bilder malen hierher gekommen, sondern um ganz schnell lesen und schreiben zu lernen. Sonst kann ich Helga in Hamburg nicht schreiben. Na ja, Frau Otten, so heißt die Lehrerin, wird bestimmt bald sehen, dass ich schon ganz toll malen kann und mir dann zeigen, wie das mit dem Schreiben geht. Außerdem habe ich ja jetzt Erika neben mir sitzen. Sie sieht sehr nett aus mit ihren blonden Zöpfen. Vielleicht können wir Freundinnen werden, und ich brauche Helga gar nicht zu schreiben.

Der Unterricht bereitet mir große Freude. Erika und ich gehen durch dick und dünn. Wir tauschen unsere Pausenbrote und manchmal auch kleine Geheimnisse. Tante Hanne kümmert sich um meine Schularbeiten und lässt sich von mir etwas aus der Fibel vorlesen. Mutter interessiert sich nicht für das, was ich in der Schule tue. Sie hat eine Arbeit beim Metzger angenommen und ist den ganzen Tag außer Haus. Sie ist immer noch griesgrämig und gar nicht so lustig wie Tante Hanne. Tante Hanne hat auch erlaubt, dass ich fünf Kinder aus meiner Klasse zum Geburtstag einladen darf. Ich habe noch niemals einen Geburtstag mit anderen Kindern gefeiert, und ich gucke mir meine Klassenkameraden sehr genau an bis ich mich entschieden habe, wer zu meinem Geburtstag kommen darf.

***

Mutter geht heute Abend aus. Sie hat sich ein wunderschönes Kleid angezogen und ihre Frisur hübsch gekämmt. Tante Hanne sagt, Mutter gehe mit dem Metzgermeister aus – zum Tanzen. Mutters Gesicht sieht heute ganz anders aus. Ihre Wangen sind rosig und ihre Augen glänzen.

Wieder naht das Weihnachtsfest. Vater hat wie im letzten Jahr einen Brief geschrieben und schickt Mutter Geld für eine Fahrkarte. So kommt es, dass ich am 23. Dezember im Zug nach Hamburg sitze. Mutter hat mit dem Schaffner gesprochen. Er wird darauf achten, dass mir während der Fahrt nichts passiert. Zur Sicherheit, damit ich nicht verloren gehe, hat Mutter mir noch ein Pappschild mit einer Schnur um den Hals gebunden, auf dem mein Fahrziel „Hamburg“ steht.

Vater holt mich vom Bahnsteig ab. Ich erkenne ihn sofort wieder. Er nimmt mich in den Arm und sagt mir immer wieder, wie sehr er mich vermisst. Vater guckt sehr ernst als ich ihn auf Frau Hure anspreche. Er scheint sehr ärgerlich zu sein, so dass ich mich einen Moment lang vor ihm fürchte. Dann aber nimmt Vater meine Hand, lächelt mich liebevoll an und sagt mir, seine neue Frau heiße so wie er und ich: Leist.

Vaters neue Frau hat einen Apfelkuchen gebacken, bei dessen Anblick mir das Wasser im Munde zusammenläuft. Mein guter Vorsatz, nichts bei ihr zu essen schwindet zusehends. Na ja, außerdem heißt sie jetzt wie ich, da kann ich wohl ein ganz kleines Stück mitessen.

Meine Hoffnung, meine alten Freunde in Hamburg wiederzusehen, erfüllt sich nicht, denn Vaters neue Wohnung ist weit weg von Eilbek.

Trotzdem haben wir schöne Weihnachtstage. Einen Tannenbaum haben wir allerdings nicht in der Wohnung, und wir zünden auch keine Kerzen an. Vater sagt, das komme daher, dass seine neue Frau an einen anderen Gott glaube, der nicht Gott, sondern Jehova heiße. Das verblüfft mich total, denn bisher dachte ich immer, es gäbe nur einen

Gott. Ich muss darüber unbedingt mit Erika sprechen, wenn ich wieder zu Hause bin.

Vater und seine neue Frau geben sich viel Mühe, mir einige schöne Ferientage zu bereiten, letztendlich bin ich aber doch froh, als der Zug mich zurück nach Bayern bringt.

Tante Hanne holt mich vom Bahnhof ab, weil Mutter nicht aus der Metzgerei heraus kann. Tante Hanne schließt mich auf dem Weg vom Bahnhof mehrmals ganz fest in ihre Arme. Sie kommt mir seltsam bedrückt vor. Ich fürchte schon, es könne etwas mit Heiner oder Mutter passiert sein; aber Heiner spielt zu Hause quietschvergnügt mit einem Holzkran, und auch Mutter kommt gegen Abend unbeschadet nach Hause.

Nach dem Abendbrot nehmen Mutter und Tante Hanne mich beiseite. Tante Hanne setzt mich auf ihren Schoß und sagt mit leiser Stimme, sie müssten mir etwas sehr Trauriges sagen. Behutsam erklären sie mir, dass Erika jetzt im Himmel ist. Mutter erzählt mir, Erika sei an meinem Abfahrtstag mit einer Lungenentzündung ins Krankenhaus gekommen und dort gestorben.

Ich kann nicht glauben, dass Erika in der Schule nicht mehr neben mir sitzen wird und ich mich in den Pausen nicht mehr dicht an sie schmiegen kann, wenn wir unsere kleinen und großen Erlebnisse austauschen. Ich bin ganz ärgerlich auf Erika, doch Mutter und Tante Hanne sagen, Erika wäre bestimmt sehr gerne bei mir geblieben, aber der liebe Gott habe sie zu sich in den Himmel geholt.

An diesem Abend spreche ich kein Nachtgebet, denn wenn der liebe Gott so ein böser Gott ist, der mir meine Erika wegnimmt, will ich mit ihm nichts mehr zu tun haben. Ich schwanke zwischen Wut und Angst. Wut auf Gott wegen meines Verlustes – Angst, weil ich nicht weiß, wie Gott mich bestraft, wenn ich auf ihn schimpfe. Vielleicht ist die Sünde nicht ganz so groß, überlege ich, wenn ich so leise auf ihn wettere, dass niemand anderes es hört.

***

Am Ferienende erzählt Tante Hanne mir, Mutter und Herr Stelling, der Metzger, werden heiraten. Herr Stelling hat ein großes Haus mit viel Platz für Mutter, Heiner und mich. Ich klammere mich an Tante Hannes Rock. Ich will nicht weg von dieser gütigen Frau, die immer ein Ohr für meine Nöte hat und mir das Gefühl gibt, etwas Besonderes zu sein. Tante Hanne versteht meinen Kummer und streichelt mir zärtlich und sanft über mein Haar. „Schau, Marita, ihr seid dann wieder eine richtige Familie. Mutter braucht dann nicht so viel zu arbeiten und hat mehr Zeit für Heiner und dich. Außerdem wohnt ihr nicht weit von hier. Die zehn-Minuten zu Fuß sind doch für meine Große ein Klacks."

Tante Hannes Worte vermögen mich nicht zu beruhigen. Auch als Mutter abends noch einmal mit mir über die bevorstehende Hochzeit im April reden will, halte ich mir die Ohren zu.

***

Morgen beginnt wieder die Schule. Ich gehe mit gesenktem Kopf zu meinem Pult. Ohne Erika ist die Schule für mich nicht mehr schön. Ich möchte am liebsten nach Hause laufen und mir die Bettdecke über die Ohren ziehen. Frau Otten setzt mir einen neuen Mitschüler zur Seite. Ich würdige ihn keines Blickes. Nie und nimmer kann dieser Karl ein Ersatz für Erika sein. Frau Otten erzählt dasselbe, was Mutter und Tante Hanne mir auch schon von Erika und ihrer Reise in den Himmel sagten. Karola, eine Mitschülerin, erzählt von ihrem Dackel, der auch gestorben ist. Es gefällt mir, zu wissen, dass Erika nicht ganz alleine ist. Sie fehlt mir aber an allen Ecken und Enden. Frau Otten möchte mit uns ein Gebet für Erika sprechen. Da ich dem lieben Gott immer noch nicht verziehen habe, verschränke ich meine Arme und bete nicht mit. Frau Otten liest uns dann eine Geschichte vor, von dem Mädchen mit den Schwefelhölzern. Dies ist sonst mein Lieblingsmärchen, aber heute macht es mich nur traurig.

In den nächsten Wochen kommt zwischen Karl und mir ein erster Kontakt zustande. Er ist gar nicht so übel, jedenfalls dafür, dass er ein Junge ist. Er flüstert mir leise zu, was Frau Otten an die Tafel schreibt und lässt mich von seinem Heft abschreiben. Es ist nicht so, dass ich nicht verstehen kann, was Frau Otten uns lehrt. Die Zahlen und Buchstaben sind nur so verschwommen, dass ich sie nicht genau von der Tafel abschreiben kann. Irgendwann merkt Tante Hanne, dass mein Kopf beim Schreiben fast auf dem Heft liegt. Sie spricht mit Mutter, und bevor ich mich versehe, finde ich mich im Wartezimmer einer Augenarztpraxis wieder. Hier muss ich viele Untersuchungen über mich ergehen lassen. Sie sind zwar sehr unangenehm, schmerzen aber nicht. Am Ende der Untersuchungen gibt es zwischen dem Arzt und Tante Hanne eine Absprache, der ich nicht gleich folgen kann.

Draußen erklärt mir Tante Hanne, ich hätte eine Sehstörung, die unbedingt mit einer Brille ausgeglichen werden muss. Im ersten Moment finde ich das recht komisch. Als ich im Geschäft eine Brille anprobieren muss, ist mir gar nicht mehr zum Scherzen zumute. Hässlich, abgrundtief hässlich, ist mein Kommentar. Wobei ich mir nicht sicher bin, ob ich damit die Brille oder aber mich mit der Brille auf der Nase meine. Tante Hanne, die sonst immer einlenkt, wenn ich etwas nicht will, ist diesmal unerbittlich. Eine Fassung wird bestellt, und eine knappe Woche später sitzt mir das Ungetüm auf der Nase.

Ingrid Wolters aus dem Nachbarhaus ist die Erste, die mir entgegenkommt. Ihre Reaktion ist alles andere als ermutigend. Ohne ein Wort zu sagen, bricht sie in schallendes Gelächter aus, während sie mit ihrem rechten Zeigefinger auf meine Augenpartie deutet. Heulend laufe ich ins Haus zurück. Keine zehn Pferde werden mich noch einmal unter die Leute kriegen. Diese Blamage tue ich mir nicht noch einmal an. Es kostet dann Tante Hannes ganze Überzeugungskunst, mich zu bewegen, am nächsten Tag mit dem Monstrum auf der Nase in die Schule zu gehen. Von diesem Tag an verschlechtert sich mein Verhältnis zu den Mitschülern, das gerade wie ein zartes Pflänzchen wuchs, immens. Worte wie Brillenschlange begleiten mich durch die nächsten Schuljahre.

***

Die Hochzeit von Mutter und Herrn Stelling rückt unerbittlich näher. Ich bin Herrn Stelling gegenüber höflich und freundlich. Mir wäre es ziemlich egal, ob Mutter ihn heiratet oder nicht, wenn es für mich nicht den Abschied von dem liebsten Menschen der Welt bedeuten würde. Tante Hanne kann mir noch so gut zusprechen, dass sich für mich nicht viel ändern wird, wenn ich mit Mutter in Herrn Stellings Haus leben werde und ich sie jeden Tag besuchen kann – ich weiß, es wird nicht mehr so schön sein, wie jetzt, wo wir zusammenleben. Ich versuche mit allen Tricks und Schmeicheleien Tante Hanne zu überreden, mich auch nach Mutters Heirat bei sich zu behalten, doch sie will davon absolut nichts wissen. Sie meint, ein Kind gehöre zur Mutter und damit basta! Ich merke Tante Hannes Konsequenz und füge mich in mein Schicksal.

Ganz am Boden zerstört bin ich, als Mutter verlangt, doch am besten Papa oder Vater zu Herrn Stelling zu sagen. Als ich mich weigere, verlässt Mutter wutentbrannt das Zimmer. Mir ist nicht wohl bei dem Gedanken, mit Mutter in Streit zu leben, weil ich ihren Vorschlag nicht angenommen habe, doch ich weiß, die von Mutter verlangten Worte kommen nicht über meine Lippen. Selbst wenn ich wollte.

Der April naht mit Riesenschritten. Die Hochzeit von Mutter und Herrn Stelling verläuft still und ruhig in einem kleinen Kreis. Einer kirchlichen Hochzeit, wie Herr Stelling sie sich gewünscht hat, stimmt Mutter nicht zu. Nun habe ich also einen Stiefvater. Noch ist mir eine kleine Gnadenfrist eingeräumt worden, denn in der Zeit, in der sich das Paar auf Hochzeitsreise befindet, kann ich noch bei Tante Hanne leben. Wir vereinbaren, in den zwei Wochen, die uns für unser Zusammensein noch verbleiben, nach vorne zu gucken und nicht über den bevorstehenden Abschied zu sprechen. Aber auch ohne Worte merken Tante Hanne und ich, wie traurig wir über die kommende Situation sind.

Entsprechend bedrückt verläuft auch der Umzug an den Ortsrand nach der Hochzeitsreise. Die meisten Sachen gehörten sowieso Tante Hanne, so dass wir nur unsere persönliche Habe mit hinüber bringen müssen. Mutter blüht so richtig auf, und Heiner ist total begeistert von dem großen Garten, der eine Vielzahl an Apfelbäumen beherbergt. Auch ich muss zugeben, dass mein Zimmer zum Garten hinaus sehr geräumig wirkt. Was mir nicht so gut gefällt, sind die alten schweren Eichenmöbel, mit denen das Zimmer bestückt ist. Welch ein Unterschied zu Tante Hannes zierlichen hellen Weichholzmöbeln.

Heiner bezieht das Zimmer neben mir. Dieses Zimmer gehörte Herrn Stelling als er noch Kind und später junger Mann war. Seither hat sich nichts verändert. Mutter versucht in den nächsten Tagen die Räume mit Stoffen, Blumen und Nippes aufzufrischen, doch der Stiefvater macht unmissverständlich deutlich, dass er in diesem Haus, seinem Elternhaus, keine Veränderungen wünscht. Zu meinem Erstaunen fügt sich meine ansonsten rebellische Mutter ohne Murren seinen Anordnungen. Dieses Phänomen stelle ich in den folgenden Monaten und Jahren immer wieder voller Erstaunen fest.

***

Im Großen und Ganzen gestaltet sich das Leben in dem neuen Haus zu Beginn nicht so schlimm, wie ich vor dem Umzug befürchtet habe. Tante Hanne sehe ich nach wie vor häufig. Mutter scheint sich in der Ehe recht wohl zu fühlen, und Heiner unternimmt viel mit dem Stiefvater. Der Stiefvater, ich nenne ihn jetzt Hermann, kann ganz eindeutig mit Heiner viel mehr anfangen als mit mir. Ich empfinde keine Eifersucht Heiner gegenüber, so wie damals bei Vater, sondern bin ganz froh, dadurch meine Ruhe zu haben.

In der Schule interessiere ich mich jetzt wieder für den Unterricht. Karl hat inzwischen seinen Platz mit Sigrid getauscht. Manchmal vergesse ich sogar, dass das der Platz von Erika war, auf dem Sigrid sitzt. In der Pause ratschen Sigrid und ich viel – aber mein Pausenbrot tausche ich nicht mit ihr.

Das Leben in unserer neu gegründeten Familie spielt sich langsam ein. Zu meinem Erstaunen gibt Mutter, die vorher nicht einmal vor dem Hamburger Verwalter mit dem Rattenkeller kuschte, Hermann immer Recht. Es ist fast so, als ob sie mit der Heirat ihre Persönlichkeit aufgegeben hat. Mutter und ich hatten durch viele kleine Geschehnisse nicht immer den besten Draht zueinander. Trotz alledem war ich stolz darauf, dass sie überall, wo wir hinkamen, ihre Meinung vertrat. Auch wenn sie sich damit viele Male Ärger einhandelte, wenn sie gegen den Strom schwamm.

Jetzt hat Mutter die Meinung, die Hermann hat; Mutter lehnt ab, was Hermann ablehnt; Mutter liebt oder hasst, was Hermann liebt oder hasst. Ich beobachte Mutter mit Argusaugen, um zu verstehen, was in ihr vorgeht. Eines Tages halte ich es nicht mehr aus und besuche Tante Hanne, um ihr meine Beobachtungen mitzuteilen.

Sie überlegt lange, bevor sie mir antwortet. „Marita, deine Mutter hat im Krieg außer mir ihre ganze Familie verloren. Ich weiß, das war sehr schmerzhaft für sie. Dann hat sie deinen Vater an eine andere Frau verloren. Jetzt hat sie sicher Angst, ihren Mann zu verlieren, wenn sie sich nicht so verhält, wie er es wünscht. Marita, du kannst das heute sicher noch nicht verstehen und eigentlich bist du noch viel zu jung für so ein schweres Thema."

Tante Hanne tischt mir dann ein großes Stück von ihrem selbst gebackenen Topfkuchen auf, und über unsere Plaudereien vergesse ich meine Gedanken um Mutter. Als die Dämmerung einbricht und ich mich auf den Nachhauseweg mache, kreisen meine Gedanken wieder um Mutter und Hermann. So ist das also bei den Erwachsenen. Wenn ich einen Mann heirate, muss ich alles tun, was er will. Das finde ich doof, denn das ist ja wie mit dem dicken Joachim, der auch immer bestimmen will, was wir Kinder machen sollen. Wenn das so ist, werde ich doch lieber nicht heiraten, wenn ich groß bin. Dann bin ich alleine der Bestimmer.

***

Der Sommer 55 bringt für unsere Familie große Aufregung mit sich. Mutter erwartet ein Baby. Hermann und Mutter sind überglücklich. Etwas neugierig bin ich auch auf das kleine Wesen. Doch im Großen und Ganzen werde ich nicht viel mit so einem Zwerg anfangen können – schließlich werde ich in einigen Wochen schon neun Jahre alt.

Mutter geht es während der Schwangerschaft gar nicht gut. Ständig ist ihr übel. Sie ist nervös und ungehalten und geht bei der kleinsten Kleinigkeit an die Decke. Hermann ermahnt uns Kinder, ganz lieb zu Mutter zu sein und sie nicht aufzuregen. Da Mutter zurzeit auch keinen Krach ab kann, muss meine Geburtstagsfeier ausfallen, denn Mutter graut vor der ganzen Arbeit und dem Kindergeschrei. Ein bisschen traurig bin ich schon, aber ich möchte Mutter nach Hermanns Ermahnungen das Herz nicht schwer machen, und so versuche ich, eine frohe Miene aufzusetzen.

Wieder ist es Tante Hanne, die mich durchschaut und mir einen Vorschlag macht. Sie hat mit Mutter gesprochen und diese hat nichts dagegen, die Feier wie im letzten Jahr bei Tante Hanne zu veranstalten. Meine Augen strahlen die heiß geliebte Tante an. Tante Hanne ist unschlagbar. Es ist mir ein Rätsel, wie sie es immer wieder schafft, zur rechten Zeit am rechten Ort zu sein. Als ich ihr das auch sage, lächelt sie mich warm an. „Das ist gar nicht schwer, zu erraten, was ein Mensch möchte, wenn man ihn mit den Augen der Liebe sieht.“ Schön finde ich diesen Satz, und auch noch Jahrzehnte später wird er mir oft ins Bewusstsein kommen.

***

Kurt ist geboren. Mutter und Hermann haben seine Geburt in der Kreiszeitung angekündigt. Hermann meint, das sei er seinen Kunden schuldig. Mir wird ganz warm ums Herz als ich in der Anzeige lese:

Geht leise! Es ist müde von der Reise.
Es kommt von weit her, vom Himmel
übers Meer, vom Meer den dunklen Weg
ins Land, bis es die kleine Wiege fand.
(Paula Demel)

Kurt ist ein schnuckeliger kleiner Kerl, den ich von der ersten Sekunde an in mein Herz schließe. Heiner ergeht es da ganz anders. Er kann mit seinen fünf Jahren nicht verstehen, warum Hermann ihn von einem Moment zum anderen an den Rand stellt. Hermann hat nur noch Augen für Kurt. Ich erinnere mich gut an meine Verletztheit und Wut, als ich durch Heiners Geburt meinen Thron verlor. Deshalb versuche ich ab jetzt, mich besonders lieb um ihn zu kümmern.

Heiner versteckt seinen Kummer hinter Rotznäsigkeit, was ihm auch noch ausgerechnet von Hermann Schläge auf den Po einbringt. Heiners Weinen und Schluchzen kann ich kaum ertragen. Ich erinnere mich an die Ohrfeige, die ich vor vielen Jahren von Mutter bekam, daher weiß ich, dass die Tränen von Heiner nicht seinem körperlichen Schmerz gewidmet sind, sondern den Demütigungen, die damit verbunden sind.

Nach der Schule nehme ich einen langen Umweg in Kauf, um Tante Hanne von dem gestrigen Vorfall zu erzählen. Tante Hanne scheint von meiner Erzählung wenig beeindruckt. Zu meinem Entsetzen schlägt sie sich auf die Seite von Hermann und meint, Heiner hätte sicher den Hinternvoll verdient. Das habe noch niemandem geschadet und auch Heiner werde es überleben. Eltern könnten verlangen, dass ihre Kinder gehorsam seien, und auch Heiner werde sich daran gewöhnen müssen. Ohne weitere Worte schnappe ich meinen Tornister und rase blind vor Tränen nach Hause.

Leider setzt sich Heiners aufsässiges Verhalten fort, und unweigerlich bekommt er dafür Prügel von Hermann. Sie sind mittlerweile an der Tagesordnung. Immer ist Hermann derjenige, der die Schläge ausführt, doch nach einiger Zeit fällt mir etwas Merkwürdiges auf: es ist keineswegs Hermann, der es darauf anlegt, Heiner Schmerzen zuzufügen. Vielmehr bringt es Hermann erst in Rage, wenn Mutter sich über Heiners Verhalten beklagt und von Hermann Konsequenzen fordert. Hermann übernimmt quasi eine Vollstrekkerrolle. Oftmals bekomme ich mit, dass Mutter bereits mittags nach der Schule Heiner die Schläge von Hermann ankündigt mit den Worten: „Warte nur bis Vater nach Hause kommt“. Heiners Ausbruch, Hermann sei gar nicht sein richtiger Vater und habe ihm überhaupt nichts zu sagen, lässt Mutter puterrot anlaufen und vor Wut schäumen.

***

Meine Angst um Heiner und das Wissen um seine Verletztheit lassen mich auf Mutter zugehen. Ich möchte ihr erklären, wie ich mich bei Heiners Geburt zurückgesetzt fühlte und dass es wahrscheinlich jetzt in Heiner ähnlich aussieht; doch als Mutter mich anfährt, ich solle mich um meine eigenen Angelegenheiten kümmern, verlässt mich mein Mut. Auch mein Versuch, Heiner zu einer veränderten Haltung zu bewegen, scheitert kläglich. Zu Tante Hanne traue ich mich durch das zuvor Erlebte auch nicht. Mein Kopf ist ganz schwer vom vielen Nachdenken, und es gelingt mir in der Schule kaum, dem Unterricht zu folgen. Viele Rüffel fange ich mir in dieser Zeit von Frau Otten und der neuen Lehrkraft, Herrn Möglich, ein. Frau Otten spricht mich mehrmals auf meine Unkonzentriertheit und meine nachlassenden Leistungen an. Sie möchte wissen, welchen Kummer ich mit mir herumschleppe. Ich bin kurz davor, ihr von Heiners Schlägen und der Atmosphäre in unserer Familie zu erzählen. Da ich aber weiß, dass Mutter sicherlich toben wird, wenn ich etwas aus dem Haus trage, überwiegt die Angst vor möglichen häuslichen Konsequenzen. Irgendwann gibt Frau Otten resigniert auf und sieht mich nur noch hin und wieder fragend von der Seite an.

Meine schlechten Leistungen schlagen sich natürlich auch in meinem Zeugnis nieder. Mutter tobt und kündigt mir für die Ferien Stubenarrest an. Hermann beschimpft mich abends als faul und dumm. An diesem Abend schleiche ich mich in Heiners Zimmer und unterbreite ihm meinen Plan. Ich stelle mir vor, mit Heiner nach Hamburg zum Vater zu fahren und bei ihm Hilfe zu holen. Er ist unser Vater und muss wissen, wie unglücklich wir zurzeit sind. Heiner hat große Bedenken, weil wir nicht genügend Geld für eine Zugfahrt haben. Außerdem wissen wir gar nicht, ob Vaters letzte Anschrift noch stimmt. Ich bin beschämt, dass mein kleiner Bruder viel vernünftiger ist als ich und sehe ein, dass eine Flucht so nicht geht. Sigrid, mit der ich auch außerhalb der Schule viel Kontakt habe, wird schließlich, als der Druck in mir zu groß wird, in meinen Kummer eingeweiht. Sigrid ist es auch, die den rettenden Einfall hat: das Telefon. Mit Hilfe von Sigrids großem Bruder Karsten gelingt es uns, mit Vater telefonisch Kontakt aufzunehmen. Er wohnt zwar nicht mehr in der mir bekannten Wohnung, hat aber Hamburg nicht verlassen. Schließlich höre ich nach zwei vergeblichen Anläufen Vaters Stimme. Mein Herz klopft bis zum Halse als ich von Heiners Schlägen und meinen sich in letzter Zeit häufenden Arresten berichte. Die Worte sprudeln nur so aus mir heraus, und ich zweifle nach dem Telefongespräch, ob Vater überhaupt etwas verstanden hat. Er war die ganze Zeit über ruhig geblieben und fragte zum Schluss nur nach unserer neuen Adresse.

Es vergehen zwei Tage, bis zu meiner Überraschung Vater vor der Tür steht. Noch überraschter als ich ist Mutter. Sie schnappt nach Luft und ich denke schon, sie wird jetzt einen Herzanfall bekommen und daran sterben, wie vor drei Wochen die alte Frau Veith, aus dem Haus am Ende der Straße.

Worüber Mutter und Vater an diesem Tag hinter der geschlossenen Tür reden, habe ich nie erfahren. Es geht sehr lautstark zwischen den beiden zu, und es ist fast so beängstigend wie in der Nacht als Vater ging. Irgendwann werden die Stimmen leiser. Plötzlich öffnet sich die Tür und Vater verlässt den Raum. Er dreht sich noch einmal zu Mutter um. „Du weißt, was du den Kindern noch schuldig bist." Die Verabschiedung von Vater fällt in Gegenwart von Mutter sehr kurz aus – Heiner lässt sich gar nicht sehen. Vater wird noch eine Nacht im „Goldenen Hirschen" verbringen und verabredet sich mit mir für den kommenden Vormittag. Zu meinem Erstaunen erklärt Mutter sich damit einverstanden, mir ausnahmsweise eine Entschuldigung für die Schule zu schreiben. Als Vater zur Haustür geht, wird mir bewusst, welch ein Donnerwetter ich für das geführte Telefongespräch erwarten kann. Doch anstatt mir eine Standpauke zu halten, geht Mutter an den Wäscheschrank und holt ein Bündel Briefe heraus, die sie mir ohne Worte in die Hände drückt. Es sind alles Briefe von Vater, an mich gerichtet. Meine Kehle ist wie zugeschnürt. Wie oft habe ich abends im Bett gelegen und Vater gegrollt, dass er sein Versprechen, mir nach meinem Besuch bei ihm zu schreiben, nicht erfüllte. Und nun dies. Mutter hat mir nie erklärt, warum sie mir die Briefe nicht gab. Auch Vater kann mir am nächsten Tag die Frage nur mit einem Achselzucken beantworten. Irgendwann habe er das Schreiben an mich aufgegeben, weil auf seine Briefe keine Antwort kam.

Mittags darf ich Vater zum Zug bringen. Meine Frage, ob denn nicht wenigstens Heiner bei ihm und seiner Frau leben kann, verneint Vater. Er habe vor der Abfahrt zu uns mit seiner Frau ein langes Gespräch geführt. Sie habe ihm klipp und klar gesagt, es käme für sie nicht in Frage, mich oder Heiner bei sich auf Dauer leben zu lassen. Heiner und ich könnten gern zu Besuch kommen, doch einem dauerhaften Zusammenleben stimme sie nicht zu. Vater erinnert mich, als er mit mir spricht, sehr an Mutter. Auch sie schiebt ihren Mann vor, wenn sie etwas nicht will. In mir breitet sich ein Gefühl der Verlassenheit aus.

Was ich heute noch nicht weiß: Es soll für mehr als zwei Jahrzehnte das letzte Mal sein bis ich Vater wiedersehen werde. Erst als erwachsene Frau werde ich seinen Weg wieder kreuzen.

***

Seit Vaters Besuch gibt es für mich keinen Hausarrest mehr und Heiner wird nicht mehr von Hermann geschlagen. Zwar legt er uns gegenüber oftmals schlechte Laune an den Tag und nörgelt wegen jeder Kleinigkeit an uns herum, doch mit der Zeit schaffen Heiner und ich es immer besser, uns ein dickes Fell zuzulegen. Das Verlassenheitsgefühl, das Vater mit seinen Worten in mir auslöste, dauert dagegen noch lange an. Es vergeht eine ganze Zeit, bis mir klar wird, es ist ein Gefühl, das ich in Verbindung mit Vater kenne. Dann fällt es mir plötzlich ein: Vater hat mich bereits ein zweites Mal verlassen! Erst jetzt lösen sich meine Tränen und, tief in mein Bett gekuschelt, weine ich Stunde um Stunde.

***

Für die nächsten Jahre findet unsere Familie einen einigermaßen akzeptablen Weg, miteinander umzugehen. Kurt wächst aus den Babyschuhen heraus, und Heiner und Hermann schließen Waffenstillstand. Mutters erstes Aufblühen in der Ehe erlischt, sie entwickelt sich zusehends zu einer mürrischen, unzufriedenen Frau. Als sie mich eines Tages nicht im Nebenzimmer vermutet, höre ich, wie sie zu einer Freundin, die sich auf der Durchreise befindet, sagt, sie würde den alten Sack lieber heute als morgen verlassen. Ihr graue aber vor den materiellen Folgen – sie habe keine Lust, wieder bei Null anzufangen. Außerdem sei ihr schon klar, dass Hermann ihr nie und nimmer Kurt lassen würde. Ich schäme mich für Mutter und schleiche ganz leise aus dem Zimmer.

Tante Hanne versetzt uns in dieser Zeit in Angst und Schrecken. Sie bekommt einen Herzanfall, der sie wochenlang außer Gefecht setzt. Tagelang fürchten wir, sie könne sterben. Doch ihre Bärennatur siegt. Es dauert allerdings Monate, bis ihre alte Kraft zurückgekehrt ist.

***

Zwölf Jahre bin ich, als ich voller Schrecken auf einem Toilettengang einen großen Blutfleck in meiner Unterhose sehe. Schreckensbleich vergesse ich über meiner Angst vor einer schrecklichen Krankheit alle Scham und stürze auf Mutter zu. Es dauert eine Zeit bis sich Mutter auf mein Stammeln einen Reim machen kann. Ganz behutsam, wie es sonst gar nicht Mutters Art ist, erklärt sie mir, was mit mir passiert ist und warum ich jetzt eine Frau bin. Diese „Sache" würde jetzt jeden Monat wieder kommen. Mutters Zureden beruhigt mich zwar etwas, so ganz kann ich allerdings immer noch nicht glauben, dass es ausgerechnet so eine ekelige Geschichte sein soll, die mich zur Frau macht.

Der Rest des Tages vergeht für mich mit Schwanken zwischen Angst und Stolz.

Monate später flüstert Ilona mir in der Zeichenstunde zu, sie habe die „Sache“ jetzt auch. Ich bin beruhigt!

In den nächsten drei Jahren beobachte ich Mutter sehr genau. Auch sie ist eine Frau. Wenn ich aber sehe, wie sie lebt, bezweifle ich, ob es so erstrebenswert ist, eine erwachsene Frau zu werden. Ihre Griesgrämigkeit zeichnet bereits jetzt tiefe Falten in ihr Gesicht. Wenn ich mit Hermann auch selten auf einer Wellenlänge bin, in einem muss ich ihm Recht geben. Mutter läuft herum wie eine Schlampe. Obwohl sie genügend Geld von Hermann bekommt, gönnt sie sich selten etwas Schönes zum Anziehen. Ihre Haare sehen immer ungepflegt aus.

Hermann macht irgendwann keinen Hehl mehr daraus, wie sehr er sich für seine Frau schämt, und auch ich vermeide tunlichst, mit Mutter gemeinsam unterwegs zu sein. Der Einzige in der Familie, um den Mutter sich wirklich kümmert, ist Kurt. Er ist auch der Einzige, der es schafft, sie aus ihrer Lethargie zu reißen. Die Atmosphäre zwischen Mutter und Hermann wird immer eisiger. Ich beobachte, wie die beiden miteinander umgehen, und versuche mir ein Bild zu machen. Mosaiksteinchen trage ich zu Mosaiksteinchen. Das daraus entstehende Bild setzt sich für die nächsten Jahre in meinem Kopf fest: Frauen, die heiraten, werden schlampig, haben keine eigenen Interessen, geben ihre Meinung auf, werden lethargisch und unglücklich. Viele gute Gründe für mich zu beschließen, auf gar keinen Fall zu heiraten.

Nicht nur Mutter wird von mir kritisch beobachtet und in eine Schublade sortiert. Mein gesamtes Umfeld wird von mir sorgfältig unter die Lupe genommen. Ich sehe vieles, was mich stört, doch die Erziehung zum Lieb- und Artigsein trägt mittlerweile Früchte, und so getraue ich mich nicht, Kritik zu üben oder offen etwas in Frage zu stellen. Und es sind viele Fragen, die ich während meiner Pubertät stellen möchte und die in meinem Inneren schmoren.

Der Kreis meiner Freundinnen und Freunde verändert und vergrößert sich in dieser Zeit. Die Schule wird zur Nebensache, und das angestrebte Klassenziel wird über Jahre nur mit Mühe von mir erreicht. Mutter und Hermann haben es aufgegeben, mich lenken zu wollen. Weder Drohungen noch Bitten können mich dazu bringen, mehr für die Schule zu tun. Hin und wieder kommt mal ein dummer Spruch von Hermann, „wir lernen nicht für die Schule, sondern fürs Leben“, aber das tangiert mich nur noch am Rande. Je wichtiger meine Clique mir wird, desto mehr treten Mutter, Hermann, Heiner und Kurt in den Hintergrund. Ihre Normen, die sie versuchen mir aufzudrücken, haben für mich keine Gültigkeit. Während ich mich immer mehr von ihnen entferne, wendet sich mein Herz einer anderen Kultur zu, der amerikanischen. Sie scheint mir leichter und lockerer – einfach lebensbejahender.

***

Zu Mutters und Hermanns Entsetzen „gehe“ ich jetzt mit Jerry. Meine Träume gelten Amerika, dem Land der unbegrenzten Möglichkeiten. Während ich bereits mein Leben mit Jerry in diesem wunderbaren Land plane, gehen Jerrys Vorstellungen von unserer Beziehung in eine ganz andere Richtung. Mit sanftem Druck versucht er mich zu überzeugen, mit ihm Liebe zu machen. Während ich einerseits Angst habe, zum ersten Mal mit einem Mann zu schlafen, drängt mich andererseits die Angst, Jerry zu verlieren, wenn ich mich ihm weiterhin verweigere. Jerry erweist sich keineswegs als große Stütze, sondern er schürt meine Verlustangst, wo er kann. So erlebe ich an meinem sechzehnten Geburtstag die erste körperliche Vereinigung mit einem Mann. Mit meinen Freundinnen habe ich in letzter Zeit oft über dieses Thema gesprochen – natürlich nur hinter vorgehaltener Hand und wenn wir uns alleine wähnten. Clara und Ingrid schwärmen in den höchsten Tönen von der Liebe, die sie durchflutet, wenn sie mit ihren Freunden schlafen. Warum ist das bei mir so anders? Ich habe Jerry doch wirklich lieb, und ich will auch etwas Schönes empfinden. Doch meine Realität sieht anders aus. Fast habe ich Angst vor Jerry, wenn er sich bei unseren Umarmungen verändert. Sein lustvolles Stöhnen und sein heftiger unregelmäßiger Atem sind nicht das, was mir in meinen romantischen Träumen, die durch und durch von Zärtlichkeiten und Liebkosungen durchzogen sind, vorschwebt. Ich empfinde ihn grob und lieblos, und sein Körper liegt so schwer auf meinem Körper, dass mir die Luft wegbleibt. Jerry scheint mit den Ergebnissen unserer körperlichen Vereinigung recht zufrieden zu sein, während ich von mal zu mal lustloser und unzufriedener werde. Es ist mir schon klar, dass ich die Versagerin bin, denn an Jerry kann es nicht liegen. Dazu hat er, wie er mir erzählt, mit viel zu vielen Frauen geschlafen, die alle sehr zufrieden waren. Solche Aussagen von Jerry lassen mich meine Unzulänglichkeit und mein Versagen in der Liebe deutlich spüren. Gerne würde ich in Ruhe mit Jerry über meine Probleme sprechen, aber wenn nur von Ferne das Thema naht, gibt Jerry Fersengeld. Unsere Beziehung dauert genau vier Monate und einen Tag. Dann muss ich mit ansehen, wie Jerry sich ohne Skrupel Ingrid zuwendet. Ingrid geht mir seitdem tunlichst aus dem Weg. Ich höre von Dritten, dass Ingrid die Äußerung gemacht hat, jeder wäre sich selbst der Nächste.

Bei Mutter würde ich gern Trost suchen, aber aus Erfahrung weiß ich, sie wird mir nur Sprüche auf den Weg mitgeben, anstatt mich in den Arm zu nehmen und mich zu trösten. Zudem ist sie ziemlich sauer, dass das Schuljahr von mir nicht für gute Noten genutzt wurde, sondern ich, wie sie sich ausdrückt, „herumflagastert“ bin. Die Standpauke, die sie mir hält, kommt genau an dem Tag, an dem ich erfahre, dass Jerry und Ingrid jetzt zusammen gehen. In mir ist nur noch der Wunsch, mich wie in der Kinderzeit in meine Bettdecke einzuwickeln und nichts mehr zu sehen und zu hören.

***

Meine Welt ist aus den Fugen geraten. Meine romantischen Jungmädchenträume verschwinden im Nichts. Wieder einmal habe ich versagt. Jerry will mich nicht mehr. Wäre ich anders als ich bin, hätte ich ihn sicher halten können und er hätte sich nicht für Ingrid interessiert. Ich stelle mich vor den Spiegel und betrachte mich lange. Ich sehe meine Augen und hasse sie mitsamt der Brille. Ich schaue meine Haare an. Sie sind nicht blond, nicht schwarz, einfach aschefarben. Meine Nase, von der Tante Hanne immer sagte, ich hätte eine richtige Stupsnase, erscheint mir heute wie ein Zinken mitten im Gesicht. Meine Mundwinkel ziehen sich traurig nach unten. Kein sehr erfreulicher Anblick, wie ich finde. Mit meinen 53 kg, bei einer Größe von 1,55 m, habe ich angeblich eine Idealfigur. Dass ich nicht lache. Meine untere Körperhälfte kommt mir massig und fett vor. Dafür zeichnet sich oben herum eine kleine Brust ab, die ich abgrundtief hasse. Wie gern hätte ich auch so einen ausladenden Busen, wie Ingrid ihn besitzt. Mein einziger Trost ist es, dass ich in einer Zeitschrift las, es gäbe Ärzte, die Busen vergrößern. Das wird mein erstes Ziel des Sparens sein, wenn ich eigenes Geld verdiene. So, wie ich jetzt aussehe, werde ich mit Sicherheit keinen Mann mehr abkriegen.

Am nächsten Tag komme ich mit heißem Kopf aus der Schule und schaffe es gerade noch bis in mein Bett. Das Fieber steigt schnell, so dass Mutter nicht umhin kommt, den alten Herrn Kröger, der mittlerweile unser Hausarzt geworden ist, herkommen zu lassen. Zwei Tage lang tippt er auf einen grippalen Infekt, dann schaut er immer besorgter und lässt mich in das nächste Kreiskrankenhaus bringen. Ich mache ansonsten um Krankenhäuser einen großen Bogen, doch jetzt ist mir bereits alles egal. Das Fieber hat mich seit Tagen geschwächt, und ich möchte nur noch meine Ruhe haben und schlafen. Doch hier im Krankenhaus ist es erst einmal nichts mit der Ruhe. Eine Untersuchung jagt die andere, bis das Ergebnis feststeht. Ich habe mir eine saftige Nierenbeckenentzündung eingefangen. Eine junge Schwester fragt mich am Tage nach der Einlieferung scherzend, was mir denn so an die Nieren gegangen sei. Ganz unbefangen lächelt sie mich dabei an. Bestürzt beugt sie sich über mich als ich aufschluchze und dicke Tränen über mein Gesicht laufen. Liebevoll streichelt Schwester Laura mir über meine Wangen und fragt erschrocken, was denn los sei. Wieder merke ich, wie in den Jahren zuvor, dass es mir gut tun würde, mit einem Menschen über meinen Kummer zu sprechen, doch ich bringe keinen Ton heraus. Als ich meinen Kopf zur Wand drehe, streichelt sie mir noch einmal über mein Haar, bevor sie das Zimmer verlässt.

Wochen vergehen bis ich wieder am normalen Alltagsleben teilnehmen kann. Lange Zeit waren die Ärzte mit meinen Genesungsfortschritten unzufrieden. Schwester Laura kümmerte sich in ihrem Dienst weiter liebevoll um mich. Ich registriere das in meinem Innern, aber reden über meinen Kummer kann ich nicht. Solange, bis Schwester Laura eines Tages in die Klinik kommt, obwohl es ihr freier Tag ist. Sie ist ohne ihre übliche Schwesterntracht und hält in der Hand einen kleinen Blumenstrauß. Ganz verwundert schaue ich sie an, als sie den kleinen Besucherschemel an mein Bett zieht und sich zu mir setzt. „Ich bin nicht im Dienst. Ich wollte dich einfach wie eine Freundin besuchen. Ich hoffe, es ist dir Recht?“ Ich nicke stumm. Heute fragt mich Schwester Laura, oder besser Laura, so möchte sie außerhalb des Dienstes genannt werden, nicht, was mir Kummer bereitet. Sie erzählt von sich. Wo sie aufwuchs. Kleine Anekdoten aus der Kinderzeit. Sie spricht auch von ihrem ersten größeren Liebeskummer und von Schwierigkeiten, die während der Schulzeit von ihr bewältigt werden mussten. Zu meinem eigenen Erstaunen fange ich auf einmal an, wie ein Wasserfall zu reden. Von Jerry, von Mutter und Hermann, die kein Verständnis für meine Beziehung zu ihm hatten, und nicht zuletzt von meiner Hässlichkeit. Laura hört geduldig zu. Hin und wieder streichelt sie meine Hand oder nickt mir verständnisvoll zu. Schwestern, die routinemäßig ihre Arbeiten verrichten wollen, werden von ihr mit einem leisen Wink wieder aus dem Zimmer geschickt. Es ist mittlerweile dunkel geworden als Laura ihren Besuch bei mir beendet. Eine Zentnerlast scheint von mir genommen. An diesem Nachmittag wird der Grundstein für eine jahrzehntelange Freundschaft gelegt.

Zum Erstaunen aller bewältige ich meine Krankheit nach diesem Tag spielend. Nach meiner Entlassung aus dem Krankenhaus stellt sich heraus, ich habe viel Unterrichtsstoff versäumt. Aufgrund meiner vorher nicht gerade berühmten Leistungen lässt sich eine Wiederholung der Klasse nicht vermeiden. So bekomme ich erst mit einem Jahr Verspätung die Mittlere Reife.

Hermann möchte gern, dass ich zu ihm ins Geschäft komme, und Mutter unterstützt ihn in seinem Wunsch. Mein Vorschlag, lieber im Büro zu lernen, wird von Mutter mit den Worten, das würde sich nicht lohnen, denn Mädchen heiraten sowieso, weggewischt. Diesmal bin ich jedoch fest entschlossen mich durchzusetzen, und so mache ich mich mit Sigrids Hilfe auf die Suche nach einer geeigneten Lehrstelle. Bereits der zweite Anlauf klappt: Firma

Holmer händigt mir nach einem Gespräch zwei Tage später einen Lehrvertrag aus, den ich freudestrahlend in Empfang nehme. Ich warte zu Hause bis nach dem Abendbrot, bevor ich ihn Mutter und Hermann präsentiere. Nach einer kleinen Diskussion wird meine Initiative durch ihre Unterschrift belohnt. So trete ich meine Lehre im Büro der Firma Holmer an.

Mit meinen Aufgaben komme ich von Anfang an gut zurecht. Manchmal schmerzt es mich allerdings, wenn ich sehe, wie gut sich der Lehrling im zweiten Lehrjahr mit den Kollegen versteht. Etwas neidisch bin ich schon; so beliebt wäre ich auch gern. Zugleich schäme ich mich für diesen Gedanken, denn Hella ist auch zu mir stets offen und freundlich.

Rüdiger Metzler ist ein guter Kunde der Firma Holmer. Er kommt nicht oft, dafür aber regelmäßig. In letzter Zeit häufen sich seine Einkäufe. Manchmal will er auch nur beraten werden. Wenn nicht viel zu tun ist, sprechen wir auch schon mal über alltägliche Belanglosigkeiten. Hella, Rüdiger Metzler und ich lachen oftmals zusammen. Sein häufiges Kommen und seine Aufgeschlossenheit deute ich als Interesse für Hella, die mit ihren himmelblauen Augen und ihrem weizenblonden Haar aber auch allerliebst aussieht. Warum macht mich dieser Gedanke für einen Moment so traurig?

Wie groß ist mein Erstaunen als eines Tages Hella zu mir so ganz nebenbei sagt, da hätte ich aber eine Eroberung gemacht. Das Blut steigt mir rasend schnell in den Kopf, und ich bin froh, dass kein Kunde in der Nähe ist.

Sehr gut schlafe ich in dieser Nacht nicht. Wilde Gestalten geistern durch meine Träume, und mehrmals trägt eine davon die Züge von Rüdiger Metzler.

Seit Hellas dahingeplapperter Bemerkung kann ich nicht mehr unbefangen mit ihm umgehen. Sobald er die Räume betritt, verschwinde ich schleunigst unter einem Vorwand.

An einem wunderschönen Sommertag will ich mich wieder aus dem Staub machen als Rüdiger Metzler vor meinem Schreibtisch steht. Bevor ich mich versehe, hat er mein Handgelenk gepackt und hält mich fest. „Sie entkommen mir heute nicht schon wieder. Seit Wochen warte ich auf eine günstige Gelegenheit, mit Ihnen zu sprechen. Ich möchte Sie gerne außerhalb des Betriebes sehen. Kann ich Sie heute Abend zum Essen einladen?“

Ich schüttele mit dem Kopf und höre meine Stimme „Ja, gern“ sagen. Schnell sind Uhrzeit und Treffpunkt vereinbart, und schon ist er wieder verschwunden. Hella wundert sich nicht schlecht, als ich ihr nach ihrer Pause um den Hals falle. Solche Gefühlsäußerungen sind ihr von mir gänzlich unbekannt. Noch bevor ich ihr den Grund erzählen kann, hat sie ihn bereits zu meiner Verblüffung selbst erraten. Waren meine Gefühle für Rüdiger in der letzten Zeit denn so offensichtlich?

Im Laufe des Nachmittags ebbt meine Freude erheblich ab. Sicherlich liegt es daran, dass ich inzwischen die Zeit mit Jerry noch einmal im Geiste durchgespielt habe. So etwas soll mir nicht so schnell wieder passieren. Die Verletzungen aus dieser Zeit sind immer noch präsent, und ich nehme mir für den Abend vor, zurückhaltend und vorsichtig zu sein.

Rüdigers Charme und seine Offenheit reißen mich dann doch sofort mit, und ich stelle nach zwei Stunden erstaunt fest, dass er in mir das Gefühl hervorruft, ihn schon ewig zu kennen. Schützen muss ich mich vor ihm nicht. Er verabschiedet sich mit einem altmodischen Handkuss, der mich beim Abschied noch einmal laut auflachen lässt. Als ich mich behaglich in mein Bett kuschle, sind meine Gedanken bei Rüdiger. Ich nehme das Kopfkissen in den Arm, und es bekommt (stellvertretend) einen dicken Kuss.

Alle meine guten Vorsätze schwinden zusehends dahin. Viele Verabredungen reihen sich aneinander. Rüdiger ist inzwischen fester Bestandteil meines Lebens geworden. Wir verbringen mittlerweile unsere gesamte Freizeit miteinander. Ich kann mir ein Leben ohne ihn und seine Liebe gar nicht mehr vorstellen. Unser Zusammensein verläuft allerdings nicht immer ungetrübt. Häufig erlebe ich Rüdiger in Situationen, in denen er zum Alkohol greift. Jedes Mal verspüre ich ein ungutes Gefühl in der Magengegend, wenn ich Rüdiger betrunken oder zumindest stark angetrunken erlebe. Versuche, mit ihm darüber zu sprechen, prallen an ihm ab. Rüdiger stellt mich als spießig hin. Als eine Frau, die ihrem Freund nicht einmal „ein Bierchen gönnt“. Nach einer besonders heftigen Debatte gibt Rüdiger mir einen Stoß, so dass ich mich nicht mehr auf den Beinen halten kann, ins Straucheln komme und schließlich auf das Straßenpflaster falle. Noch im Fallen weiß ich, es ist aus zwischen Rüdiger und mir.

Rüdiger steht am nächsten Tag nüchtern und zerknirscht vor unserer Haustür, einen Blumenstrauß – ein Dutzend rote Rosen – in der Hand und eine Entschuldigung auf den Lippen. Er schwört mir bei allem was ihm hoch und heilig ist, so etwas würde nie wieder vorkommen. Ich müsse doch merken, wie sehr er mich brauche. Wenn ich ihn verlassen würde, hätte das Leben keinen Sinn mehr. Rüdiger braucht nur noch die Arme auszubreiten, und ich fliege hinein. Wie gern will ich seinen Worten Glauben schenken und für ihn da sein. Ein warmes Gefühl durchflutet mich: ich werde gebraucht!!!

Unsere Versöhnung folgt auf dem Fuße und soll nicht ohne Folgen bleiben. Mein Herz klopft bis zum Halse, als ich vom Arzt die Nachricht erhalte, dass ich ein Kind erwarte. Was wird Rüdiger dazu sagen, sorge ich mich. Wie werden Mutter und Hermann sich verhalten? Nicht eine Sekunde kommt eine rechte Freude auf über das werdende Leben.

Meine Bedenken, wie wird Rüdigers Reaktion sein, sind überflüssig. Er freut sich riesig und wirbelt mich durch die Luft. Komm, lass uns anstoßen und einen Hochzeitstermin ausgucken, damit unser Baby nicht da ist, bevor wir Mann und Frau sind. Rüdigers Freude überträgt sich langsam auch auf mich, und so fällt es mir leicht, Mutter und Hermann von der Neuigkeit in Kenntnis zu setzen.

Finanzielle Sorgen werden wir nicht haben. Rüdiger betreibt eine kleine Handelsagentur, die uns ausreichend ernähren wird. Hermann lässt sich nicht lumpen und spendiert die Hochzeitsfeierlichkeiten und die erste Babyausstattung.

Der Hochzeitstermin rückt immer näher. Damit eine kirchliche Trauung möglich ist, konvertiere ich von der evangelischen zur katholischen Kirche. Es fällt mir nicht schwer, denn seit Erikas Tod habe ich mich nie wieder auf Gott und meine Religion eingelassen. Mein langjähriger Aufenthalt in Bayern führt zudem dazu, dass ich stets und ständig mit der katholischen Kirche konfrontiert werde.

Die Hochzeitsfeierlichkeiten verlaufen ohne größere weitere Störung. Leider kann Rüdiger sich durch das viele Zuprosten nicht dem Alkohol entziehen, und so bleibt mir nichts anderes übrig, als meinen Mann so gut es geht ins Bett zu verfrachten. Diese Nacht habe ich mir anders vorgestellt. Ich tröste mich mit dem Gedanken an die vielen Nächte, die noch vor uns liegen und lausche seinem schweren Atem. Als der Alkoholdunst mir langsam die Luft zum Atmen nimmt, schnappe ich meine Decke und verbringe den Rest meiner Hochzeitsnacht in der Stube.

***

Es ist fast so, als ob Rüdiger jetzt, wo wir auch offiziell zueinander gehören, eine Maske abnimmt. Seine höfliche zuvorkommende Art schwindet immer mehr. Anstelle von Lustigkeit und Frohsinn steht jetzt Übellaunigkeit und Unzufriedenheit. Ich tröste mich mit dem Gedanken, dass Rüdiger bisher ein Junggesellenleben führte und sich erst an die veränderten Umstände gewöhnen muss.

Wenn erst das Kind auf der Welt ist, wird er bestimmt seine Zufriedenheit zurückgewinnen. Er hat es auch nicht leicht mit mir, denn seit der Schwangerschaft wird mir ständig schlecht.

Klar, dass darunter auch unser intimes Eheleben leidet. Rüdiger wirft mir – meistens unter Alkoholeinfluss – vor, andere Frauen würden auch Kinder kriegen und nicht so ein Theater darum machen wie ich. Tief verletzt schreie ich all meine Wut heraus. Mit der Reaktion, die von Rüdiger darauf folgt, rechne ich nie und nimmer. Er packt mich an den Armen und schleudert mich durch den Raum. Mir wird ganz schwarz vor Augen und ich flehe ihn an, wenigstens an das Kind zu denken. Das ist wohl das Verkehrteste, was ich sagen kann, denn jetzt ist Rüdiger nicht mehr zu halten. Er reißt mich vom Boden hoch und schüttelt mich hemmungslos. Dabei schreit er Dinge, die mich bis ins Mark treffen. Niemand habe ihn gefragt, ob er das Kind überhaupt wolle. Sicher wäre das nur eine Falle gewesen, in die er getappt sei, um ihn zur Ehe zu bewegen.

Und außerdem, wer könne ihm denn die Garantie geben, dass das Kind von ihm sei.

Was Rüdiger weiter schreit und was er macht, bekomme ich nicht mehr mit, denn mein Körper und meine Seele beschließen, dass sie nicht mehr ertragen können und lassen mich gnädig in eine Ohnmacht fallen.

***

Es wäre ein Mädchen gewesen. Rüdiger sitzt an meinem Krankenbett und weint in seine vor das Gesicht gehaltenen Hände. Ich habe keine Tränen. Alles in mir ist leer. Erst jetzt wird mir bewusst, wie sehr mir im Laufe der letzten Wochen das Ungeborene bereits ans Herz gewachsen war.

Den weinenden Mann an meiner Seite will ich nicht mehr wiedersehen. Doch was kommt dann? Meine Lehre habe ich durch die Schwangerschaft und die Heirat abgebrochen. Ich höre noch Lauras Worte, vor der Ehe. Sie wollte mich unbedingt überzeugen, trotz allem meine Lehre zu beenden. Gern wolle sie mir bei einer Lösung zur Betreuung des Kindes zur Seite stehen. Auch Tante Hanne, die zwar zurzeit körperlich nicht so ganz auf der Höhe, geistig aber topfit ist, hat ihre Hilfe angeboten. Nur Mutter und Hermann meinten, die Ehe mit Rüdiger würde für mich und das Kind eine weitere Ausbildung überflüssig werden lassen. 20 Jahre alt bin ich jetzt und schon am Ende meines Lebens. Keine Arbeit, kein Geld, kein Dach über meinem Kopf, wenn ich das Krankenhaus verlasse. Aber wie sollte ich andererseits noch einmal mit einem Mann anfangen können, der mir so schreckliche Dinge antat und dazu den Verlust meines Kindes verantworten muss.

Rüdigers Selbstmitleid lässt Übelkeit in mir aufsteigen und bringt mich zum Würgen. Über Stunden sitzt er an meinem Krankenbett und versucht mich zu dazu zu bringen, wieder gut mit ihm zu sein. Irgendwann habe ich das Gefühl, ich kann mich nicht mehr gegen seine Bitten, Schmeicheleien und Versprechungen („Alles wird anders, Marita.

Glaube mir“) wehren, und gegen meine innere Überzeugung stimme ich einer Weiterführung unserer Ehe zu.

Eine Zeit lang scheint in Rüdiger wirklich eine Veränderung vorzugehen. Er trinkt weniger Alkohol, nimmt sich mehr Zeit für Gemeinsamkeiten und behandelt mich nicht mehr so verletzend wie in der Zeit meiner Schwangerschaft. Meine Abwehr ihm gegenüber gebe ich langsam auf. Wie immer in meinem Leben ist es typisch für mich, die Schuld für das Geschehene nicht bei Rüdiger zu suchen, sondern mich letztendlich verantwortlich zu fühlen. War es notwendig, Rüdiger mit Worten zu provozieren? Hatte ich genügend Verständnis für die Belange meines Ehemannes gezeigt? Ihn nicht über meine Vorbereitungen auf das Kind vernachlässigt? Es vergehen einige Wochen bis ich mit meinen Überlegungen zu dem Schluss komme, Rüdiger habe mich zurecht schlecht behandelt. In Gesprächen mit ihm bestätigt er meine Denkweise, indem er mir vorwirft, wenn ich nicht so hysterisch geworden wäre, hätten wir an diesem Abend ruhig über alles reden können. Ich nehme mir fest vor, Rüdiger eine bessere Ehefrau zu sein, als bisher. Warum bleibt nur ein schaler Beigeschmack zurück?

Ich spreche mit Laura darüber, die nach einjährigem Lehrgang wieder ganz am Orte ist. Sie ist entsetzt über meine jetzige Denkweise und versucht wie vor meiner Heirat mit Rüdiger, mich zu einer Ausbildung zu bewegen. Rüdiger sieht meine Beziehung zu Laura sehr negativ. Er behauptet, Laura wolle nur unsere Ehe zerstören, weil sie selbst keinen Ehemann abbekommen habe. Ich finde seine Argumente unfair. Gerade Laura übt eine starke Anziehungskraft auf Männer aus. Der einzige Grund für ihr Alleinleben liegt in ihrer Einstellung zur Arbeit. All meine Bemühungen, Rüdiger Lauras Sichtweise näher zu bringen, scheitern. Überhaupt wird es wieder schwerer, mit Rüdiger zu sprechen. Zum einen, weil er keine Argumente außer seinen eigenen zulässt – zum Teil aber auch, weil ich ihn kaum ansprechen kann. Denn seine Arbeitszeit hat sich fast verdoppelt. Rüdiger meint, das ginge im Moment nicht anders, denn die Konkurrenz würde nicht schlafen oder, wie er sich gern ausdrückt, „time is money". Mit zu viel Arbeit und beruflichem Ärger erklärt er mir auch seinen ständig steigenden Alkoholkonsum.

Sigrid ist es, die mir die Augen öffnet, als ich sie nach langer Zeit wieder besuche. Auf meine harmlose Frage, warum sie so gar nichts mehr von sich hören lässt, druckst sie herum und gibt mir keine klare Antwort. Ihre Verlegenheit ist es, die mich neugierig macht und so hake ich penetrant nach. Irgendwann wird Sigrid das Spiel zu bunt, und sie fährt mich an, „wenn du es unbedingt wissen willst, ich wollte nicht diejenige sein, die dir von den ausschweifenden Eskapaden deines lieben Gatten berichtet". Als sie mein versteinertes Gesicht sieht, fügt sie verständnisvoll hinzu: „Du scheinst wirklich nichts von seinen Gelagen mit Frauen der übelsten Sorte zu wissen, dabei pfeifen es die Spatzen von den Dächern." Es dauert geraume Zeit, bis ich Sigrids Worte erfasse. Während ich versuche, eine verständnisvolle Ehefrau zu sein, lacht Rüdiger sich höchstwahrscheinlich über meine Naivität ins Fäustchen. Zahllose kleine Begebenheiten der letzten Zeit fallen mir ein. Es hätte mir schon vor Wochen wie Schuppen von den Augen fallen müssen, dass Rüdigers Außerhäusigkeit keine beruflichen Gründe hat. Auch das Verhalten meiner Mitmenschen wird mir jetzt klarer. Die verstohlenen Blicke, die sich zwei Nachbarinnen zuwarfen, wenn ich von dem immensen Arbeitsaufkommen meines Mannes sprach und ihn dafür noch bedauerte.

Sigrid macht sich im Nachhinein große Vorwürfe, dass ausgerechnet sie als eine meiner besten Freundinnen mir solche Hiobsbotschaften beibringen muss. Doch ich bin mehr als dankbar, endlich zu wissen, woran ich mit Rüdiger bin. Eher verspüre ich in meinem Inneren Groll auf

Sigrid, dass sie mich, wenn auch aus Taktgefühl, über seine Aktivitäten nicht in Kenntnis setzte. Doch wie so häufig in meinem Leben, vermag ich meinen Groll nicht auszusprechen.

Auf dem Nachhauseweg mache ich Station bei Laura. Es interessiert mich mit Moment nicht im Mindesten, dass Rüdiger mit mir um 20 Uhr zu einem für ihn geschäftlich wichtigen Empfang will. Immer wieder geht mir auf dem Weg zu ihr die Frage durch den Kopf, hat Laura auch von allem gewusst? Ist das ihr Grund, warum sie unbedingt versucht, mich auf den Weg einer beruflichen und finanziellen Unabhängigkeit zu bringen?

Meine Frage brauche ich Laura gar nicht mehr zu stellen. Nachdem sie mir die Tür öffnet, schaue ich sie nur fragend an. Und ich erhalte ein Nicken. „Komm rein, Marita, lass uns darüber reden."

Wenigstens schaffe ich es bei Laura, meiner Bitterkeit mit Worten Ausdruck zu verleihen. Behutsam, wie es Lauras Art ist, erklärt sie mir: „Bitte versteh doch, Marita, ich weiß, du hast in deinem Leben so viele Enttäuschungen hinnehmen müssen. Ich konnte und wollte nicht diejenige sein, die deine Ehe durch Klatsch zerstört. Außerdem schienst du mir nach dem Verlust deines Kindes einfach nicht belastbar. Bitte verzeih mir, dass ich nicht eher mit dir darüber gesprochen habe!" Lange hält mich Laura an diesem Abend in den Armen und gibt mir Gelegenheit, meinen Schmerz durch Tränen herauszuspülen.

Nachdem ich mich einigermaßen wieder gefasst habe, warnt mich Laura noch einmal eindringlich, mich nicht weiter von Rüdiger zum Spielball seiner Launen machen zu lassen. „Marita, du wirst irgendwann deine Selbstachtung verlieren. Bleib dir selbst treu, sonst kannst du eines Tages nicht mehr in den Spiegel sehen."

Ich nehme vor meinem Weggang Laura das Versprechen ab, in Zukunft nicht um mich zu schützen oder zu schonen, Dinge wie ich sie heute durch Sigrid erfahren habe, vor mir zu verheimlichen. Laura nickt mit Tränen in den Augen und zieht mich noch einmal in den Raum. „Wenn du diese Ehrlichkeit von mir erwartest und auch verkraften kannst, muss ich dir noch etwas sagen." Laura berichtet dann mit leiser Stimme, wie sich Rüdiger ihr in betrunkenem Zustand nähern wollte. Eines Abends stand er vor ihrer Haustür und begehrte Einlass. Als Laura ihn abblitzen ließ und drohte, die Polizei zu holen, musste sie eine Schimpfkanonade über sich ergehen lassen, die sogar Nachbarn veranlasste, aus der Tür zu gucken.

Einerseits bin ich tief getroffen von den Geschehnissen, die Laura schildert. So ein Mistkerl, schießt es mir durch den Kopf. Bei mir versucht er, Laura schlecht zu machen, wo er kann, und hinter meinem Rücken schmeißt er sich an sie heran. Neben meiner Empörung verspüre ich andererseits wieder das Ohnmachtsgefühl, dass bereits in der Klinik von mir Besitz ergriff. Was soll aus mir werden? Habe ich noch eine Zukunft? Gerne würde ich mit Laura gemeinsam überlegen, wie es für mich weitergehen kann. Doch Laura muss in einer Stunde ihren Dienst antreten, und ihre Gewissenhaftigkeit und Zuverlässigkeit, die ich an ihr liebe, lassen nicht zu, dass sie nicht pünktlich ihre Schicht übernimmt. So machen wir beide uns eingehakt auf den Weg.

Unterwegs merke ich, dass ich so durcheinander und voller Fragen Rüdiger nicht unter die Augen treten will. Ich werde meinen Stolz überwinden und Mutter und Hermann von dem heute Erfahrenen berichten. Laura sieht mich skeptisch an als ich mein Vorhaben schildere. „Meinst du wirklich, dass sie Verständnis für dich aufbringen werden, Marita?" Ich teile ihre Zweifel voll und ganz. Aber versuchen muss ich es auf jeden Fall. So trennen sich Lauras und meine Wege am Kirchhof.

Mutter und Hermann sind erstaunt über meinen späten Besuch. Ihre erste Frage gilt Rüdiger. Hermann scheint eher als Mutter wahrzunehmen, dass irgendetwas nicht in Ordnung ist. Fragend sieht er mich von der Seite an. Alles sprudle ich heraus. Die langen Monate meiner Demütigungen. Den Grund für meine Einlieferung in das Krankenhaus und den damit verbundenen Verlust des Kindes. Rüdigers Alkoholexzesse, seine anderen Frauen, seine Lügen mir gegenüber und vieles mehr. Mutter und Hermann sind sprachlos. Auch sie hatten sich aufgrund von Äußerungen in der Nachbarschaft schon Gedanken um unsere Ehe gemacht – doch dieses Ausmaß hatten sie nicht angenommen. Als Mutter zu sprechen beginnt, spüre ich in ihrer Stimme Mitgefühl; sie bedauert meine Lage. Ich atme auf, nehme allen Mut zusammen und frage sie und Hermann, ob ich wieder nach Hause ziehen kann.

Hermann sieht sehr nachdenklich aus, doch Mutter benötigt für ihre Entscheidung keine Sekunde Bedenkzeit. Selbstverständlich käme das überhaupt nicht in Frage. Schließlich habe ich durch die Ehe versprochen, in guten und in schlechten Tagen meinem Mann zur Seite zu stehen. Von Mutter folgt ein langer Vortrag, wie ich mich am besten Rüdiger gegenüber verhalten solle. Am Ende ihrer Tirade stehe ich mit dem Gefühl da, wieder einmal die Versagerin zu sein, die es nicht einmal schafft, ihrem Mann genügend zu Hause zu bieten, so dass er sich außer Haus suchen muss, was ich nicht habe. Hermann atmet tief durch. Deutlich ist ihm anzumerken, er teilt Mutters Ansicht nicht. Er besitzt allerdings nicht das Kreuz, sich mit seiner gegenteiligen Meinung gegen Mutter aufzulehnen. Gedanklich tituliere ich ihn als „Schlappschwanz".

***

Wieder einmal bin ich von Mutter im Stich gelassen worden. Mein ohnehin wundes Herz brennt wie Feuer in meiner Brust. Mein Kopf schmerzt so stark, dass ich das Gefühl habe, er müsse bald platzen. Laura ist auf ihrer Arbeitsstelle in der Klinik, Sigrid erwähnte am Nachmittag, sie werde abends mit Peter, ihrem Verlobten, zu dessen Eltern zum Essen fahren. Jetzt rächen sich meine Versäumnisse der vergangenen Zeit. Während meiner Verliebtheits-Phase habe ich nur Augen für Rüdiger gehabt. Mein Freundeskreis ist dadurch auf ein Minimum gesunken. Wo soll ich hin?

Mit schleppenden Schritten, die immer langsamer werden, nähere ich mich der ehelichen Wohnung. Kalt ist mir mittlerweile geworden. Alle Fenster sind unbeleuchtet. Vielleicht habe ich Glück und kann ein paar Stunden schlafen, bis Rüdiger nach Hause kommt. Mein Körper fühlt sich wie zerschlagen an, und ich beschließe, mich in mein weiches Bett zu kuscheln und mir die notwendige Erholung zu verschaffen.

Keine Stunde dauert es, bis Rüdiger mir die Bettdecke wegreißt. Was ich mir einbilden würde, ihn so zu blamieren. Er habe mir ausdrücklich gesagt, wie wichtig ihm der heutige Termin gewesen sei. Wo ich Schlampe mich herumgetrieben habe.

Was zu viel ist, ist zu viel. Obwohl ich noch über seine Verfehlungen schweigen wollte, bis ich mir über meine weiteren Schritte klar geworden bin, kann ich jetzt nicht mehr an mich halten. Ich schleudere ihm ins Gesicht, was nachmittags ans Licht kam. Rüdiger macht sich nicht mal die Mühe, etwas abzustreiten. Nach einem kurzen Wortwechsel besitzt er sogar noch die Dreistigkeit, seinen massigen alkoholisierten Körper auf mich zu schmeißen. Für einen Moment glaube ich, er habe mir die Luft abgeschnürt. Ich versuche, diesen schweren Koloss von meinem Bauch zu rollen, doch mein Widerstand scheint ihn erst richtig anzuheizen. Lachend hält er meine Arme über meinen Kopf und bezeichnet mich als „kleine Kratzbürste, die wohl ein wenig Härte braucht“. Mit einer Kraft, die ich mir nie zuvor zugetraut habe, ziehe ich mein Bein hoch und stoße es ihm in seinen Unterleib. Er krümmt sich vor Schmerzen und muss für einen Augenblick seinen Griff lockern. Ich nutze sofort meine Chance und versuche, ihm zu entkommen. Statt einfach so aus der Wohnung zu laufen, hält mich meine Schamhaftigkeit zurück und ich versuche, einige Kleidungsstücke zu ergreifen. Diese kurze Zeit reicht Rüdiger aus, um mich von hinten an den Haaren zu pakken, meinen Kopf herumzureißen und mir seine rechte Faust ins Gesicht zu schmettern. Blut strömt aus meiner Nase und lässt mich erschreckt aufschreien. Die Schmerzen, die sein Schlag ausgelöst hat, sind aber noch eher zu ertragen, als das Wissen, ihm ausgeliefert zu sein. Noch zweimal schlägt er zu, bis seine Wut verraucht ist und er von mir ablässt. Eines habe ich zumindest erreicht – einer körperlichen Vereinigung bin ich entkommen – doch um welchen Preis!

Der Alkohol, den ich in den letzten Monaten hassen gelernt habe, ist es, der mich heute rettet. Denn er lässt Rüdiger von einer Sekunde zur anderen in tiefen Schlaf fallen. Ich traue mich zunächst nicht, mich zu rühren bis ich seinen rasselnden Atem und Schnarchgeräusche höre. In rasender Eile säubere ich mich und kleide mich notdürftig an. Die Schmerzen, die er mir zugefügt hat, treten hinter der Angst zurück, er könne aufwachen und sich wiederum auf mich stürzen. Unter Todesangst verlasse ich die Wohnung und rase wie von Sinnen durch die Straßen. Mein Ziel ist die Klinik, 20 km von der ehelichen Wohnung entfernt. Hier werde ich Schutz bei Laura finden, da bin ich mir ganz sicher. Doch zu Lauras Dienstbeginn wird die Strecke regelmäßig mit einem Bus befahren, während ich jetzt nachts alle Kilometer zu Fuß vor mir habe. Nicht einmal Geld oder Ausweispapiere habe ich bei meiner überstürzten Flucht mitgenommen. Der Weg scheint kein Ende zu nehmen und in meinen schlimmsten Vorstellungen sehe ich mich bereits am Straßenrand liegen. Die Kopfschmerzen werden immer schlimmer, und zeitweise fängt auch die Nase wieder zu bluten an.

Ich muss ein jammervolles Bild abgeben, als Ralf Brünjes aus dem Nachbardorf nach Hause will und entsetzt bremst als sich meine Gestalt im Scheinwerferlicht abzeichnet. Mittlerweile geht es mir physisch und psychisch so schlecht, dass es mir ziemlich egal ist, was er über mich denkt. Dankbar stütze ich mich auf seinen Arm, und nenne ihm, mit einer Stimme, die mir selbst fremd ist, den Namen der Klinik, in der Laura arbeitet.

***

Meine Ahnung, Laura wird hinter mir stehen, hat mich nicht getäuscht. Neben der notwendigen medizinischen Hilfe der Ärzte sorgt sie für den psychischen Beistand.

Meine körperlichen Wunden sind zum Glück nicht so schlimm, wie sie zunächst aussahen. Überwiegend Platzwunden und Prellungen diagnostiziert der zuständige Arzt. Viel schlimmer sind die seelischen Folgen, die sich aus dem letzten Abend mit Rüdiger für mich ergeben. Das Gefühl der Hilflosigkeit und Ohnmacht, das ich in den Minuten, in denen ich seinen Schlägen ausgesetzt war, tief in meinem Herzen eingrub, lässt sich auch mit Pillen und Salben nicht vertreiben. Mein Selbstwertgefühl ist gleich Null.

Was Laura im Einzelnen mit dem zuständigen Krankenhauspersonal bespricht, weiß ich nicht. Rüdiger wird jedoch nicht an mein Krankenbett gelassen.

Kein Tag vergeht, an dem er nicht Blumen und Karten schickt. Jahre später erst werde ich erfahren, dass er unseren Nachbarn und einigen entfernten Bekannten gegenüber erzählte, ich sei betrunken die Treppe hinuntergefallen.

Mein Genesungsprozess ist so gut wie abgeschlossen. Oder besser gesagt, mein physischer. Dass ich überhaupt noch bleiben kann, ist sicher auf Lauras Einfluss zurückzuführen. Heute Abend wollen wir nach Lauras Dienstschluss über meine weitere Zukunft sprechen. Ein enormer Druck baut sich seit Tagen in mir auf, bei dem Gedanken, wie es mit mir weitergehen soll. Nach Hause will ich auf gar keinen Fall zurück. Mutter hat es nicht einmal für notwendig gehalten, mich zu besuchen. Hermann ist einmal nach Geschäftsschluss gekommen und hat Blumen und Lesestoff mitgebracht. Zu ihnen kann ich nach dem Krankenhausaufenthalt nicht. Das ist mir klar. Sigrid guckt immer mal für ein paar Minuten am Tag herein. Seit einem Vierteljahr lebt sie mit ihrem Verlobten zusammen. Auch bei ihr kann ich mich nicht vorübergehend einquartieren.

Bleibt nur noch Laura. Doch Laura lehnt rundheraus ab, mich für die nächste Zeit bei sich wohnen zu lassen. „Marita, wenn du zu mir für eine Urlaubswoche aus einer anderen Stadt zu Besuch kommen würdest oder bei mir ein Wochenende verbringen möchtest, ist das kein Problem. Wir könnten dann quatschen, zusammen kochen oder vielleicht auch zusammen herumalbern. Ganz, wonach uns gerade ist. Aber wohnen lassen möchte ich dich für einen längeren Zeitraum bei mir nicht.“ Ich erstarre. Das sagt Laura, meine beste Freundin. Ich bin entsetzt und verspüre Panik, die mir die Luft abschnürt. Meine Beine und Arme zittern, Schweiß bricht mir aus und mein Herz klopft bis zum Halse. In meiner Verzweiflung breche ich in Tränen aus, die etwas von meiner körperlichen Spannung nehmen. Laura war in den letzten Tagen nicht untätig. Sie hat sich mit Professor Beckmann über mich unterhalten. Er war es auch, der Laura beeinflusste, mich nicht bei sich aufzunehmen. Er ist der Meinung, ich würde mich dann auf Laura fixieren, wie zuvor auf Rüdiger, und somit nur in eine neue Abhängigkeit geraten. Er macht keinen Hehl daraus, dass er der Auffassung ist, für mich wäre dringend psychologische Hilfe notwendig. Ich bin empört. Jeder Mensch kann doch schließlich mal in eine schwierige Situation kommen. Deshalb braucht er doch nicht gleich einen Seelenklempner.

Je länger ich darüber nachdenke, umso saurer werde ich. Dass es ausgerechnet auch noch Laura sein muss, die sich auf seine Seite schlägt, finde ich ungeheuerlich. Alles, was Laura für mich getan hat, ist in diesem Moment vergessen. Unsere Gespräche, unser gemeinsames Lachen und unsere Unternehmungen treten in den Hintergrund. Übrig bleibt ein Gefühl der Verlassenheit, das ich mittlerweile in meinem Leben schon zur Genüge kennen gelernt habe. Die Gespräche, die Laura mit Dr. Beckmann um meinethalben führte, empfinde ich auf einmal als Verrat an unserer Freundschaft. Vergebens versucht Laura mich zu überzeugen, dass ihre Sorge sie zu diesem Schritt trieb. Meine Ohren hören zwar weiter zu, aber mein Herz erreicht sie nicht mehr. Dementsprechend blockiere ich auch bei weiteren Gesprächen, die sich um meine Zukunft drehen. Laura redet mit Engelszungen auf mich ein; doch es ist zwecklos; innerlich habe ich mich zugemacht.

Laura lässt nichts unversucht, die Blockaden zwischen uns abzubauen. Umso entsetzter sieht sie mich bei meiner Mitteilung an, wieder zu Rüdiger zurückzugehen. Ihre Fassungslosigkeit lässt Genugtuung in mir aufkommen. Das hat sie nun davon, dass sie mich nicht bei sich aufnehmen wollte. In meiner Verbitterung merke ich nicht einmal, wie dumm und kindisch diese Denkweise ist. Laura wendet sich ohne ein weiteres Wort ab und lässt mich mit meiner ausgesprochenen Entscheidung zurück. Da steht es nun im Raum: ich gehe in die eheliche Wohnung zurück. Wir sind doch zwei erwachsene Menschen, da muss es doch möglich sein, miteinander auszukommen. Ich für meinen Teil will jedenfalls dazu beitragen, unsere Ehe vor dem Scheitern zu bewahren.

Panik kommt in mir auf. Was, wenn Rüdiger mich gar nicht mehr will? In Windeseile erledige ich alle Formalitäten, die für meine Entlassung notwendig sind. Ohne auch nur irgendjemandem ade zu sagen, verlasse ich das Krankenhaus, das noch vor kurzer Zeit meine Rettung schien, fluchtartig.

Es kommt mir schicksalhaft vor als ich auf dem Weg zur Haltestelle Rüdiger begegne, der seinen obligatorischen Blumenstrauß im Krankenhaus abliefern will. Rüdigers Freude über unser Wiedersehen ist unübersehbar. Bevor ich mich versehe, ist er aus dem Wagen gesprungen und wirbelt mich mehrmals durch die Luft. In diesem Moment weiß ich, es ist eine gute Entscheidung, wieder mit Rüdiger nach Hause zu gehen.

***

Neun rote Rosen stehen auf dem Esstisch. Für jedes Ehejahr eine. Ich sitze mit meiner Kaffeetasse auf dem gepolsterten Stuhl und lasse meinen Blick durch den Raum schweifen. Ohne Zweifel ist es ein sehr geschmackvoll eingerichteter Raum, der eine stattliche Summe gekostet hat. So wie alles in der schmucken Eigentumswohnung. Neun Jahre sind Rüdiger und ich verheiratet. Beruflich hat Rüdiger mehrere Stufen auf der Erfolgsleiter erklommen. Der finanzielle Aufstieg ermöglicht es uns, sorgenfrei (oder besser gesagt, finanziell sorgenfrei) zu leben. Rüdiger entzieht mir nach und nach immer mehr Bereiche, in denen ich mich beweisen kann. So bekomme ich kein Wirtschaftsgeld, weil er meint, ich könne damit nicht gut umgehen.

Zweimal die Woche kann ich ihm einen Einkaufszettel mitgeben, auf dem ich alles vermerke, was wir für den Haushalt benötigen. Die Gestaltung der Wohnung hat ebenfalls Rüdiger übernommen „denn schließlich bringe ich das Geld nach Hause". Er macht auch keinen Hehl daraus, dass er meinen Geschmack für proletenhaft hält („kein Wunder, dein Vater war ja Arbeiter"). Meine einzige Aufgabe besteht darin, täglich den Haushalt zu versorgen und pünktlich das Essen auf den Tisch zu bringen, wenn Rüdiger nach Hause kommt. Wobei es Rüdiger mit der Pünktlichkeit nicht so genau nimmt. Sein Alkoholkonsum stieg in den letzten Jahren erheblich. Betrank er sich in der ersten Zeit unserer Ehe noch abends oder nachts, so vergeht mittlerweile kein Tag, an dem er sich nicht schon morgens ein flüssiges Frühstück gönnt. Meine Hoffnung, Rüdigers Alkoholexzesse würden ihm eines Tages beruflichen Ärger einbringen und ihn letztendlich zu einem Entzug nötigen, sind längst verschwunden. Im Gegenteil, jetzt kümmern sich seine Angestellten um die betrieblichen Belange und sorgen für einen reibungslosen Ablauf. Die taufrischen, roten Rosen zum Hochzeitstag sind mit Sicherheit auch nicht sein Werk, sondern darauf zurückzuführen, dass er bei Katja Nickel an eine fähige Sekretärin gekommen ist, die ihr Metier meisterhaft beherrscht und bisher noch niemals einen „Ehrentag" vergaß.

Je länger ich mich im Raum umsehe, umso größer wird mein Brechreiz, den ich in letzter Zeit immer häufiger verspüre. Überhaupt verschlechtert sich mein Gesundheitszustand rapide. Bereits morgens nach dem Aufstehen fühle ich mich müde und zerschlagen und würde am liebsten gar nicht mehr das Bett verlassen. Meine Arme und Beine zittern wie nach einer langen Anstrengung. Zeitweise habe ich das Gefühl, sämtliche Kontrolle über meinen Körper verloren zu haben. Die Angst, in Ohnmacht zu fallen, begleitet mich auf Schritt und Tritt. Ganz harmlos, mit leichten Taubheitsgefühlen und Atemnot fing das alles an. Zuerst dachte ich an einen Grippevirus, der mich erwischte. Mittlerweile bin ich im Umkreis von mehreren Kilometern bei allen Ärzten bekannt. Während ich zunächst viel Verständnis von ihnen bekam, geben sich einige heute nicht einmal mehr die Mühe, ihren Unmut zu verbergen, wenn sie mich in ihren Praxen sehen und ich sie mit meinen Symptomen bombardiere. Überall die gleichen Ergebnisse: es gibt keinen organisch ersichtlichen Grund, der meine Klagen rechtfertigt. Erst letzte Woche musste ich mir von Frau Dr. Neukirch anhören, ich sei eine Hypochonderin, die zu viel Zeit zum Grübeln habe. Weinend und unverstanden verlasse ich ihre Praxis. Warum versteht niemand meine Verzweiflung – die Schmerzen sind doch da. Tag und Nacht.

Ein Gutes haben die Schmerzen allerdings. Durch sie spüre ich nicht mehr die Leere, die in den letzten Jahren von mir Besitz ergriff.

Wann habe ich mich zum letzten Mal gefreut? Wann das letzte Mal gelacht? Mit Bitterkeit denke ich an diese Fragen zurück, die mir vor einigen Wochen Dr. von Hollen als Antwort auf meine Schmerzen gab. Worüber sollte ich noch lachen. Morgens schon bemühe ich mich, kein Wort zu sagen, dass Rüdiger reizen könnte. Seine Laune lese ich ihm von den Augen ab und weiß genau, was ich heute tun oder lassen darf. Mit Rüdigers Wohlbefinden steigt oder sinkt auch mein Wohlbefinden, denn ich weiß, nur wenn er gut drauf ist, kann ich sicher sein, einigermaßen von ihm in Ruhe gelassen zu werden. Ansonsten diene ich als Zielscheibe für seinen Spott und seinen Zynismus. Wo er kann, macht er mich klein. Bis vor ca. fünf Jahren hat er zumindest sein Versprechen, mich nicht mehr zu schlagen, das er mir nach meinem Krankenhausaufenthalt gab, gehalten. Mit Schrecken denke ich an den Abend zurück, als Rüdiger dann doch wieder zum ersten Mal die Hand ausrutschte und er mich an der Schläfe traf. Wenn in diesem Moment eine Waffe in Greifnähe gewesen wäre, bin ich mir sicher, ich hätte ihn einfach umgebracht. Rüdiger muss diesen Ausdruck in meinen Augen gesehen haben, denn er ließ die bereits erneut erhobene Hand sinken und ging nachdenklich aus dem Zimmer.

Wenn er sich im nüchternen Zustand befindet, habe ich dadurch jetzt meine Ruhe. Aber wann ist Rüdiger schon mal nüchtern? Ein Hass, von dem ich sicher bin, dass es schon ein ganz alter Hass ist, den er nur stellvertretend an mir auslässt, nimmt ihm jede Kontrolle, sobald ein bestimmter Pegel überschritten ist. Vor zwei Wochen zog er ein großes Brotmesser aus der Lade und hielt es mir an den Hals, um mich sexuell gefügig zu machen. Entsetzt ließ ich den brutalen Akt über mich ergehen. „Schwein“, denke ich immer nur: „du dummes dreckiges Schwein!“ Wie gern würde ich es ihm ins Gesicht schleudern, doch ich weiß, die Worte würden ihn nur noch mehr erregen und ihn vielleicht wieder einmal reizen, mich grün und blau zu schlagen.

Seit dieser Nacht verstecke ich alle Messer in einem Koffer, wenn Rüdiger nicht um 20 Uhr zu Hause ist und ich wieder mit einem alkoholischen Exzess rechnen muss.

***

Viel Zeit bleibt mir heute an meinem neunten Hochzeitstag, über mich und mein Leben nachzudenken, das mir von Tag zu Tag trostloser erscheint.

Nicht immer muss Rüdiger mich zu sexuellen Handlungen zwingen, wie er es vor zwei Wochen tat. Ich habe längst meine Lektion gelernt. Wenn ich Rüdigers Bettgelüste zufrieden stelle, habe ich weniger bei ihm auszuhalten und kann zudem noch manch kleinen Vorteil für mich herausholen. Ganz davon abgesehen, besteht damit ja auch jedesmal die Möglichkeit einer Schwangerschaft, die ich mir seit der Totgeburt mit jeder Faser meines Herzens wünsche. Doch Monat für Monat erlebe ich dieselbe Enttäuschung.

Schön müsste es sein, Freunde zu haben, mit denen ich über mich und meine Wünsche sprechen könnte. Laura war so ein Mensch, der für mich da war und vor dem ich laut denken konnte, ohne mich für irgendetwas schämen zu müssen. Seit unserer letzten Auseinandersetzung im Krankenhaus haben wir uns nicht wiedergesehen. Lange Zeit habe ich mir eingeredet, dies sei auch gut so, schließlich habe Laura mich in großer Not alleine gelassen. Mit der Zeit kamen immer mehr Zweifel, und irgendwann musste ich mir eingestehen, dass ich bei unserem Disput keine rühmliche Rolle gespielt habe. Für andere Menschen wäre dies vielleicht ein Anlass gewesen, wieder Kontakt zu knüpfen und eine Entschuldigung auszusprechen, doch so sehr ich mich inzwischen auch nach Laura sehne, ich traue mich nicht mehr unter ihre Augen.

Sigrid ist mittlerweile in die Schweiz verzogen. Einige Zeit versuchte sie noch brieflich Kontakt zu mir zu halten und berichtete begeistert von ihrem „Schatz“ und später von ihrem „kleinen Schnuckel“, der ganz der Papa sei. Zwar durchzog mich eine feiner Schmerz beim Lesen solcher Ereignisse, doch die Freude, über Sigrid ein Stück von der Außenwelt mitzubekommen, überwog. Zudem gönne ich Sigrid ihr Glück von ganzem Herzen. Irgendwann habe ich aufgehört, Sigrid zu schreiben. Wovon hätte ich auch berichten sollen. Jeder Tag verläuft für mich wie der andere. Meine Außenkontakte beschränken sich auf Besuche bei Tante Hanne, und vielleicht zweimal im Jahr gehe ich zu Mutter und Hermann. Zunächst schreibt Sigrid unverdrossen weiter, doch irgendwann kommt der letzte Brief, und es ist keine Rede mehr von einer gemeinsamen Rundreise durch die Schweiz.

Wie sollte ich so eine Reise auch bewältigen? Meine Schmerzen sind inzwischen so stark, dass ich immer stärkere Medikamente einnehmen muss. Wobei nach wie vor kein Arzt mir erklären kann, woher sie kommen. Meine ohnehin stark eingeschränkte Bewegungsfreiheit wird zudem noch durch wachsende Ängste genährt. Was zunächst einen recht harmlosen Verlauf zu nehmen scheint, wächst sich in kürzester Zeit zur Katastrophe aus. Es begann an meinem Geburtstag. Ich bekam von Mutter Geld für ein Geburtstagsgeschenk. Auch Rüdiger ließ sich nicht lumpen und legte noch einen entsprechenden Betrag darauf. Ich verspüre Freude, alleine bummeln zu gehen und mir aus all den schönen Dingen, die in der Altstadt zu finden sind, etwas auszuwählen. Doch kaum habe ich das erste Geschäft betreten, verspüre ich ein unangenehmes Kribbeln in meinen Armen und Beinen. Angst breitet sich in Sekundenschnelle in meinem Körper aus. Nur noch ein Gedanke beherrscht mich. Raus hier, denke ich, bevor du ohnmächtig wirst. Mit bis zum Hals klopfendem Herzen stürze ich unter den neugierigen Blicken der Verkäuferin nach draußen wie von einer Tarantel gestochen. Draußen lasse ich mich erst einmal auf eine freie Bank im Schatten fallen und versuche, mich wieder unter Kontrolle zu bekommen. Nur unter größter Anstrengung kann ich mich zur nächsten Telefonzelle schleppen und bin selig als ich endlich Heiners Stimme höre. Es vergehen keine zehn Minuten bis er besorgt vor mir steht, doch mir kommt es wie eine Ewigkeit vor. Auf dem Nachhauseweg berichte ich Heiner von meiner Panik. Er fühlt sich ebenfalls hilflos und ich merke ihm an, er macht sich große Sorgen. Zu Hause lege ich mich gleich in mein Bett, und nach einem erholsamen Mittagsschlaf fühle ich mich, als hätte es nie einen Angstanfall gegeben. Na ja, die Luft im Geschäft, das ich panikartig verlassen habe, war ziemlich miefig gewesen. Sicher habe ich sie nicht vertragen. So erkläre ich mir zunächst meinen Angstanfall.

Doch dies soll sich bald als trügerisch erweisen. Die Panikanfälle kommen regelmäßig, wenn ich mir etwas außerhalb des Hauses vornehme. Zunächst betrifft es nur Geschäfte und große Freiflächen. Rüdiger kann es natürlich nicht lassen, seine Kommentare zu meinen Ängsten zu geben. „Das ist alles nur eine Frage des Willens“, meint er und setzt noch einen darauf: „Du musst dich einfach ein bisschen zusammenreißen.“ Da ich sowieso in den letzten Jahren kaum alleine Aktivitäten außerhalb des Hauses nachging, wird mir zu diesem Zeitpunkt noch nicht die Tragweite meiner Ängste bewusst.

Bald aber muss ich feststellen, dass sich die Angst rasend schnell vergrößert. Es ist fast so, als hätte ich ihr den kleinen Finger gereicht und sie nimmt die ganze Hand. In den Keller zu gehen ist mir inzwischen unmöglich geworden. Mit Ach und Krach kann ich zum Briefkasten gehen. Vor die Tür zu treten und die Aschentonne hereinzuholen, ist eine Handlung, die ich nicht mehr durchführen kann. Jeder Schritt aus dem Haus bedeutet für mich höchste Qualen. Schon in Gedanken warte ich auf die Angst, die sicherlich kommen wird, wenn ich das Haus verlasse. Meine Gedanken flattern ängstlich hin und her. Immer wieder sehe ich mich in meiner Vorstellung hilflos, ohnmächtig am Boden liegen. Versagensängste plagen mich. Die Schmerztabletten üben auch keine große Wirkung mehr aus. Wie lange kann ich dieses Leben noch ertragen?

***

Viele Nächte lässt mich die Sorge um meine Gesundheit nicht schlafen. Ängstlich achte ich auf meinen Herzschlag. Gibt es auch keine Unregelmäßigkeiten? Wenn ich jetzt zusammenbreche, wie lange wird wohl der Krankenwagen brauchen bis er hier ist? Kann mir noch rechtzeitig geholfen werden? Fast sachlich registriere ich jede noch so kleinste Veränderung meines Körpers.

Jede weitere ärztliche Untersuchung, die keinen körperlichen Befund anzeigt, der mein Leiden erklärbar macht, lässt große Angst in mir aufsteigen. Meine Unsicherheit steigt von Untersuchung zu Untersuchung. Zeitweise kommt mir der Gedanke, vielleicht wissen die Ärzte schon längst, was mit mir los ist und wollen mich nur schonen, indem sie mir die Diagnose verheimlichen.

Meine Gedanken schweifen ab in die Zeit als Rüdiger und ich noch ein Herz und eine Seele waren. Oder besser gesagt, als ich meinte, wir seien ein Herz und eine Seele. Die Eifersucht, die ich lange Jahre auf andere, mir unbekannte Frauen, empfunden habe, ist längst verschwunden. Zu oft schwor mir Rüdiger, ich sei die einzige Frau, die er wirklich liebe. Er brauche mich doch so sehr. Jedes Mal, wenn er mich wieder eingelullt hat, wendet er sich einer anderen zu. Ich weiß nicht einmal mehr, in welcher Nacht ich für mich beschloss, „das war es jetzt mit der Eifersucht". Nicht einmal mehr der Name der Frau, die diese Empfindungen in mir auslöste, ist mir noch präsent. Es war keine besonders hübsche Frau. Auch keine Frau, die vor Intelligenz strotzte. Die Beziehung zwischen Rüdiger und ihr überdauerte nicht einmal einen Monat. Doch das Entscheidende für mich war, meine Gefühle für Rüdiger erloschen ein für allemal. Es war kein schleichender Vorgang, der mir Zeit ließ, mich an die Leere in mir zu gewöhnen, sondern eine Erkenntnis, die mich wie ein Blitzschlag traf: Rüdiger ist mir nicht mehr wichtig. Hundertprozentig bin ich mir sicher: Niemals mehr werde ich mit einem Mann zärtlich sein, der noch kurze Zeit vorher mit einer anderen Frau Zärtlichkeiten tauschte. Es wird mir nicht mehr möglich sein, mit einem Mann zu schlafen, der gerade in einer anderen Frau war. Vorausgesetzt, ich erfahre davon.

***

Es ist, als könnte Rüdiger meine Gedanken lesen. Etwas in meiner Haltung muss ihm deutlich zeigen, dass ich jede körperliche Berührung von seiner Seite in Zukunft nicht mehr dulden werde. Ich spüre so etwas in mir, wie „nur noch über meine Leiche“. Bei diesem Gedanken muss ich auflachen – bin ich nicht schon halb tot? So wie das Leben an mir vorbeizieht, ist es kaum noch lebenswert.

Gestern habe ich nochmals einen Arzt aufgesucht, der sich in einem Nachbarort neu niedergelassen hat. Rüdiger kam natürlich wieder nicht pünktlich zum verabredeten Zeitpunkt nach Hause, so dass ich mich in letzter Minute an Heiner wandte. Wiederholt sprang Heiner ein, wenn ich irgendwo einen Arzttermin wahrnahm. Diesmal spürte ich sein Murren ganz deutlich, obwohl er sich sichtlich bemühte, mich aufzuheitern. Seine Sorge um meinen Zustand ist ihm anzumerken. Nichtsdestotrotz wusste ich, Heiner steckt in Prüfungsangelegenheiten. So geht das nicht mehr weiter. Immer mehr fange ich an, unter meiner Unselbstständigkeit zu leiden. Immer auf andere Menschen angewiesen sein? Es ist die Hölle! Inzwischen kann ich keinen Schritt mehr alleine aus der Wohnung gehen, ohne dass sich meine Symptome sofort melden. Die Angst, umzufallen, hindert mich die Wohnung zu verlassen. Von Tag zu Tag empfinde ich mich mehr als Versagerin. Ich bin jetzt eine 31-jährige Frau und fühle mich innerlich wie hundert. In mir scheinen alle Gefühle abgestorben zu sein – bis auf meine Angstgefühle. Meine Herzschmerzen zeigen mir zumindest, dass ich noch am Leben bin.

Die Menschen um mich herum (viele sind es sowieso nicht), die zuerst erschrocken auf meine Krankheiten eingingen und mir Anteilnahme entgegenbrachten, rollen mittlerweile schon mit den Augen, wenn ich wieder einmal erzähle, wie sehr ich leide. Merkt denn niemand, wie schlecht es mir geht? Wie gern würde ich wieder einmal von Herzen lachen. Locker auf andere Menschen zugehen. Mich auf die Zukunft freuen und einen Sinn in meinem Leben sehen, für den sich die Mühe des Lebens lohnt.

Ganz in diese Gedanken versponnen, merke ich erst jetzt, dass Heiner inzwischen vor der Praxis von Dr. Konrad parkt und mich besorgt mustert. Ich lese das Praxisschild

Psychotherapeutische Praxis
Dr. Fritz Konrad
Termine nach Vereinbarung

Ausgerechnet ein Seelenklempner, denke ich abfällig. Am liebsten würde ich gleich wieder umkehren. Davon hatte mir Frau Dr. Neukirch, von der ich die Adresse erhalten habe, nichts gesagt.

Meine Gedanken teile ich Heiner mit, der zwar Verständnis für meine Bedenken hat, andererseits meint, jetzt seien wir schon einmal da. Warum dann den Termin nicht einhalten? Eigentlich ist mir sowieso egal, wer mich untersucht. Auf einen Arzt mehr oder weniger kommt es schon nicht mehr an.

Eine freundliche junge Frau fragt bei unserem Eintritt nach meinem Namen und bittet uns in einen kleinen karg eingerichteten Warteraum. Er sieht ganz anders aus als die Wartezimmer, die ich in letzter Zeit sah. Nur zwei gemütliche Korbsessel laden zum Verweilen ein. Über einem hängt ein Bild mit südlichem Flair. Pünktlich zum vereinbarten Termin bittet mich die junge Frau in das Sprechzimmer. Erstaunt sehe ich mich um. Wo bin ich hier denn gelandet? Keine übliche Praxiseinrichtung weit und breit. Auch dieser Raum ist karg möbliert. Viele Grünpflanzen schaffen eine fast heitere Atmosphäre. In der Ecke brennt ein kleines Kaminfeuer. Meine Überraschung verstärkt sich noch als ein mittelgroßer Mann sich aus einem bequemen Ledersessel erhebt und mit freundlichem Lächeln auf mich zukommt und sich vorstellt. Wo ist sein weißer Kittel? Der Mann in grauer Cordhose und blauem Seemannspulli beobachtet mich mit ruhigem Blick. Irritiert starre ich ihn an. Dr. Konrad lacht ein kleines warmes Lachen. Ich kann nicht länger an mich halten und platze heraus: „Sind Sie überhaupt ein richtiger Arzt?"

Kein bisschen verunsichert bietet Dr. Konrad mir einen Platz am Fenster an und bestätigt seine Qualifikation. Ergänzend erklärt er, sein Bereich sei nicht nur der Körper, sondern auch die Seele und vor allem das Zusammenspiel zwischen Körper und Seele. Erstaunt sehe ich ihn an. Dann bin ich hier ganz falsch. Denn ich habe keine seelischen Schmerzen, sondern nur körperliche. Genau das sage ich Dr. Konrad auch. Er sieht mich ernst an und meint, vielleicht wäre es gut, wenn ich ihm zunächst nicht von meinen körperlichen Beschwerden erzähle, sondern ihm berichte, wie mein Leben zurzeit verläuft.

Ohne zu wollen, sprudelt es aus mir heraus. Meine Ehe mit einem Alkoholiker, meine Traurigkeit über meine mangelnden Kontakte und vor allem meine Resignation, mit 31 Jahren das Gefühl zu haben, das Leben sei vorbei.

Dr. Konrad unterbricht mich nicht ein einziges Mal. Seine Augen ruhen freundlich auf mir und er wirkt keineswegs so genervt, wie die Ärzte, die ich in letzter Zeit konsultierte. Dadurch bekomme ich Mut, auch von meinen Ängsten zu sprechen. Ganz vorsichtig fange ich an und beobachte ihn genau. Wird er mich auslachen? Wird er mich als hysterisch hinstellen, wie Rüdiger es gern tut?

Seine Reaktion macht mir Mut. Ruhig und interessiert hört er mir zu. Ich fühle mich ernst genommen. Zum ersten

Mal, seit meine Angst mich beherrscht, fühle ich mich verstanden. Die Erleichterung darüber lässt einen Tränenstrom fließen, der mir unsagbar peinlich ist. Wie erstaunt bin ich über Dr. Konrads Worte, ich solle mich ruhig ausweinen, er wisse, wenn ich weine, ginge es mir gut. Verblüfft sehe ich auf. Es geht mir gut, wenn ich weine? Bisher habe ich gedacht, es ginge mir schlecht, wenn ich weine. Geduldig klärt Dr. Konrad mich über Spannungen auf, die im Menschen entstehen, wenn er sich zu sehr zusammenreißt und sich eine Entlastungsmöglichkeit, wie z. B. Weinen, nicht gestattet. Je länger ich darüber nachdenke, je mehr muss ich ihm Recht geben. Immer bevor ich weinte, ging es mir schlecht – das Weinen selbst verschaffte mir stattdessen Erleichterung.

Zwei Stunden, die wie im Flug vergehen, sitze ich Dr. Konrad gegenüber. Am Ende gibt er mir seinen Eindruck wieder. Er erklärt mir, ich würde unter einer so genannten Angst- und Panikstörung leiden und benötige dringend Behandlung. Er wisse, wie nötig es für mich sei, mit einem erfahrenen Therapeuten meine Ängste und deren Ursachen aufzuarbeiten, er könne dieser Therapeut jedoch nicht sein.

Seine Worte wirken auf mich wie eine kalte Dusche. Ein Gefühl des Abgewiesenseins breitet sich in mir aus. Wieder war alles umsonst. Alles habe ich von mir preisgegeben. Mein Leben habe ich vor Dr. Konrads ausgebreitet und nun schickt er mich weg. Wahrscheinlich hält er mich für einen hoffnungslosen Fall, hämmert es in meinem Kopf.

Die Worte von Dr. Konrad dringen jetzt nur noch halb zu mir. Ich höre, warum er mich nicht als Patientin annehmen kann und will. Bedingung für eine gemeinsame Arbeit sei, dass ich in der Lage wäre, alleine zu ihm in die Praxis zu kommen. Wenn das nicht gewährleistet sei, und bei mir sei das der Fall, gäbe es keine Möglichkeit für eine ambulante Behandlung. Noch einmal betont er, für wie wichtig er eine therapeutische Behandlung für mich halte. Ich müsse unbedingt in eine Klinik, in der psychosomatische Erkrankungen behandelt werden. Als Dr. Konrad zu einer Erklärung ansetzt, was es mit psychosomatischen Krankheiten auf sich hat, winke ich ab, stehe auf und verabschiede mich, ohne ihm die Hand zu geben. Das Gefühl der Hoffnungslosigkeit, das ich seit Jahren kenne, deckt das für wenige Augenblicke erlebte wunderbare Gefühl des Angenommenwerdens zu. Ich stürze aus dem Sprechzimmer und warte nicht einmal auf Heiner, der mir verstört durch die geöffnete Wartezimmertür nachsieht. Erstaunlicherweise empfinde ich jetzt keine Angst, sondern in mir wächst eine Wut auf Dr. Konrad, der mich erst aushorchte, mich ermutigte und dann wegstieß.

Später höre ich im Auto von Heiner, dass Dr. Konrad ihn aufhielt als er mir nachstürzen wollte. „Lassen Sie sie – gewisse Dinge brauchen ihre Zeit. Sie hat es erst einmal gehört“.

An diesem Abend nehme ich die doppelte Dosis des Medikamentes, das mir Frau Dr. Neukirch verschrieb. Ich will nichts mehr sehen und hören und ich ahne, dass ich mich nicht auf die Worte einlassen darf, die ich von Dr. Konrad hörte.

Am nächsten Morgen fühle ich mich von den Medikamenten wie gerädert. Das Aufstehen fällt mir schwer. Rüdiger ist letzte Nacht nicht nach Hause gekommen. Im Gegensatz zu früher, wo ich mich um ihn geängstigt habe und ihn in meiner Vorstellung tot im Straßengraben liegen sah, passt es mir gerade heute sehr gut. Ob ich will oder nicht, immer wieder schweifen meine Gedanken zum gestrigen Nachmittag, an dem Dr. Konrad mich eindringlich mahnte, so nicht weiterzumachen und unbedingt in eine Klinik zu gehen. Die Medikamente, die ich zurzeit nehme, sind hochgradig gefährlich, weil sie in kürzester Zeit abhängig machen. Ich höre seine Stimme noch in mir: „Wenn Sie so weitermachen wie bisher, werden Sie Ihre Angst- und Panikstörung chronifizieren und zudem noch medikamentenabhängig werden."

Rüdiger kommt irgendwann im Laufe des Tages. Sein Herumgeblubbere, wie die Wohnung aussehe und warum ich kein Essen vorbereitet habe, lässt mich heute kalt. Da ich heute keinen Besuch von Heiner oder Tante Hanne bekommen habe (manchmal kommt auch Hermann kurz, um zu gucken, wie es mir geht – Mutter kommt nie), hatte ich den ganzen Tag über keine Gelegenheit mit jemandem zu sprechen. Ein Telefon, das in den meisten Familien heute selbstverständlich ist, duldet Rüdiger nur in der Firma. „Zu Hause will ich meine Ruhe haben."

Ich überhöre seine Nörgeleien und koche sogar Kaffee, um ihn wenigstens einigermaßen bei Laune zu halten. Für einen Moment setzt sich Rüdiger zu mir. Als ich von Dr. Konrad erzählen will, winkt er ab. „Lass mich bloß mit deinen ewigen Krankengeschichten zufrieden. Ich habe genug Probleme im Betrieb. Wenigstens zu Hause möchte ich mich entspannen können und nicht auch noch mit deinen ständigen hysterischen Ausbrüchen zu tun haben. Vielleicht geht es dir bei mir zu gut. Du solltest mal arbeiten gehen, wie unsereins, dann wären deine Spinnereien schnell verflogen."

Wenn Rüdiger wüsste, wie gern ich arbeiten gehen würde. Ich könnte dann für mich selber sorgen und wäre nicht mehr von ihm abhängig. Doch sofort ist der Gedanke wieder da, du kannst ja nicht mit deinen Angstzuständen. Du kannst nicht einmal alleine vor die Tür gehen, ohne Angst zu bekommen. Wie willst du denn überhaupt zu einer Arbeitsstelle kommen. Schau doch mal in den Spiegel; so einem Wrack wie dir wird niemand Arbeit geben. Das ganze Leben erscheint mir hoffnungslos.

Rüdiger kümmert sich wie immer nicht um mich, sondern zieht sich nach einem Blick auf die Uhr in Windeseile um und verschwindet mit der Bemerkung, „warte nicht auf mich, es kann heute Abend spät werden“.

Lange sitze ich nach seinem Weggang am Küchentisch, unfähig überhaupt etwas zu tun. Was ist, wenn Dr. Konrad Recht hat und ich wirklich in erster Linie seelisch krank bin und daraus erst meine körperlichen Beschwerden und Schmerzen entstehen? Auch Lauras Chef, Professor Beckmann, hat schon vor Jahren angedeutet, ich müsse etwas für meinen Seelenzustand tun.

In meine Überlegungen platzt Heiner. Allen Prüfungen zum trotz hat ihm der gestrige Abend und vor allem mein Aufgelöstsein keine Ruhe gelassen. Voller Dankbarkeit falle ich Heiner um den Hals. Endlich ein menschliches Wesen, mit dem ich sprechen kann! Mir ergeht es bei Heiner, wie am Tage vorher bei Dr. Konrad; es sprudelt nur so aus mir heraus. Nur wenig habe ich Heiner gestern auf der Rückfahrt von meinem Gespräch mit Dr. Konrad erzählt. Jetzt, nachdem ich den ganzen Tag mit mir und meinen Gedanken alleine war, kann ich gar nicht mehr zu erzählen aufhören. Heiner sieht immer kummervoller aus, so dass ich in meinem Redeschwall innehalte und ihn frage, was los ist. „Ach, Marita“, seufzt Heiner, „du weißt, ich mache mir schon lange große Sorgen um dich. Und nun muss ich heute auch noch mit schlechten Nachrichten für dich kommen. Gleich nach der letzten Prüfung in drei Wochen, trete ich meine Stelle bei einer Dortmunder Bank an. Wie du dir denken kannst, habe ich mich zuerst sehr gefreut, dass ich mit meiner Bewerbung Erfolg hatte. Wenn ich dich aber so sehe und höre, wird mir ganz bange ums Herz.“

***

Liegt es daran, dass Heiner weggeht? Oder wirken Dr. Konrads Worte weiter? Mir kommt es vor, als ob es mir noch nie so schlecht ging wie heute. Mit zitternden Beinen falle ich irgendwann ins Bett. Und Rüdiger lässt sich auch diese Nacht nicht sehen. Dafür kommt er in der nächsten Nacht. Zum ersten Mal während unserer Ehe bringt er eine Frau mit nach Hause. Beide sind leicht angetrunken; ich höre das Lachen und Scherzen schon aus dem Treppenhaus und bin starr vor Entsetzen. Mein Herz rast wie verrückt. Wie kann er mir diese Demütigung auch noch antun. Ich weiß um seine Eskapaden und auch um seine Verbindung zu Prostituierten. Zumindest hat er bis heute aber immer genügend Taktgefühl besessen, seinen Freuden außerhalb unserer gemeinsamen Wohnung nachzugehen. Obwohl ich weiß, dass Rüdiger sich in einem Zustand befindet, in dem ich noch nie ernsthaft mit ihm sprechen konnte, versuche ich dennoch ihn zu überzeugen, seine Begleiterin wegzuschicken. Rüdiger macht mir unmissverständlich klar, in Zukunft könne er mitbringen, wen er will. Mich ginge sein Leben nichts mehr an. „Und übrigens, ich kann dich nicht mehr sehen – pack deine Klamotten und verschwinde."

Ich bin wie vom Donner gerührt. Ausziehen? Wohin denn? Wie soll ich, die mit ihren Angstzuständen nicht einmal einen Liter Milch alleine holen kann, mir eine Wohnung suchen? Wovon soll ich leben? Ohne Beruf? Ohne Ausbildung? Ohne sich um mich und meine Fassungslosigkeit zu kümmern, schnappt er sich Lilly (so heißt das Herzchen an seiner Seite) und verschwindet mit ihr in unserem Schlafzimmer. Ich höre Lillys albernes Gekicher, der Schlüssel wird im Schloss gedreht, und ich komme mit letzter Kraft gerade noch rechtzeitig zur Toilette, bevor ich loskotze.

Es vergeht einige Zeit, bis ich in der Lage bin, in die Küche zu gehen und mir einen Tee zu kochen. Aus dem

Schlafzimmer höre ich das Quietschen der Matratzen. Selbst Lillys Stöhnen bleibt mir nicht erspart. Wut steigt in mir auf. Und wie immer, wenn ich wütend bin, habe ich keine Angst. Diese Erkenntnis setzt mich jedesmal wieder aufs Neue in Erstaunen. Vor mir auf dem Tisch liegt ein Kartoffelschälmesser und zuerst spiele ich nur so damit herum, um meiner Anspannung Herr zu werden. Auf einmal fange ich an, ganz leicht mit der Messerscheide über mein Handgelenk zu streichen. Nach und nach erhöht sich mein Druck auf den Messerschaft. Auf einmal drücke ich fester zu und sehe einen kleinen Blutstropfen. Wie unter einem Zwang muss ich jetzt weitermachen. Eine kleine Wunde nach der anderen füge ich mir zu. Die Wunden sind nicht tief; ich verletze mich nicht lebensgefährlich. Nur so viel, dass ganz kleine Rinnsale über meine Hände laufen. Voller Befriedigung sehe ich das Blut an und fühle mich richtig entspannt. Fast so, als hätte ich mit dem Austreten des Blutes einen Druck herausgelassen, der mich sonst auseinandergesprengt hätte.

Ich versorge die kleinen Wunden notdürftig und schlafe danach sofort auf dem Sofa ein. Was sich nebenan noch abspielt, ist hinter dem gerade Erlebten so zurückgetreten, dass ich keinen einzigen Gedanken mehr daran verschwende. Selbst mein Medikament vergesse ich zu nehmen.

Rüdiger und Lilly verschwinden am nächsten Morgen als ich, in eine Wolldecke gehüllt, noch schlafe (zumindest tue ich so). Nachdem sie verschwunden sind, sehe ich mir als Erstes meine verpflasterten Handgelenke an. Ein wenig hat die Erleichterung des gestrigen Abends angehalten. Beim Frühstück fällt mir wieder Rüdigers Drohung ein, ich müsse ausziehen. Ich beschließe, erst einmal so zu tun, als hätte ich seine Worte gar nicht gehört. Vielleicht entsprangen sie auch wieder einer seiner Launen oder seiner alkoholischen Stimmung.

Vorsorglich beginne ich die Wohnung zu säubern, bügle sogar ein paar Hemden für Rüdiger und bereite aus dem Fundus der Tiefkühltruhe noch ein Mittagessen vor. Mein Plan scheint auch aufzugehen. Rüdiger bleibt erstaunt im Türrahmen stehen. „Bin ich hier in der falschen Wohnung?"

Stirnrunzelnd betrachtet er den sauberen Raum und den gedeckten Tisch. Von Trennung spricht er nicht, und so gehe ich für mich davon aus, dass Rüdiger diese Auszugsforderung nur aus seiner momentanen Stimmung heraus ausgesprochen hat.

Mit diesem Stand der Dinge gebe ich mich erst einmal zufrieden.

Heiner begleitet mich noch einmal zu Frau Dr. Neukirch. Neue Schwierigkeiten tauchen auf. Sie will mir keine starken Medikamente mehr verschreiben. Sie habe mich extra zu einem psychologisch geschulten Arzt geschickt, der mir die Sichtweise über das Zusammenspiel zwischen Körper und Seele aufzeigen sollte. Grob sagt sie mir auf den Kopf zu, ich müsse dringend mein Leben ändern, wenn ich wirklich wieder gesund werden will. Auch sie weist mich, wie vorher Dr. Konrad, auf die Möglichkeit einer Chronifizierung hin. Jetzt sei mein Herz noch kerngesund und die Schmerzen und das Ziehen seien lediglich seelischer Natur. Nur unter dem ständigen Spannungszustand, in dem ich mich permanent befinde, kann es eines Tages auch zu einer tatsächlichen Herzerkrankung kommen.

Mit merkwürdigem Blick registriert Frau Dr. Neukirch meine kleinen feinen Narben am Handgelenk. Zweimal habe ich schon wieder geschnibbelt. Jedes Mal ein bisschen mehr und tiefer als beim ersten Mal. Und wieder trat erst Entlastung ein, wenn ich die ersten Blutstropfen aus meinem Körper treten sah. Ich habe endlich ein Ventil für meine Anspannung gefunden.

Nach diesem Besuch bei Frau Dr. Neukirch beschließe

ich, in nächster Zeit keine Ärzte im nahen Umfeld mehr aufzusuchen. Das gilt natürlich besonders für Frau Dr. Neukirch, deren Argusaugen kaum etwas verborgen bleibt. Und wo willst du deine Pillen herkriegen, fragt mich meine innere Stimme? Wenn du die nicht hast, kannst du gleich einpacken. Ach, zum Teufel, beruhige ich mich, das wird sich finden. Erst einmal bin ich reichlich damit versorgt, denn wo ich nur konnte, ließ ich mir Rezepte geben. Der kleine Vorrat, den ich inzwischen angelegt habe, verleiht mir ein gutes Gefühl. Zeitweise kommt mir der Gedanke, „ist das nicht schon Abhängigkeit“? Bin ich ohne Medikamente überhaupt noch lebensfähig?

Ich schiebe diese Zweifel beiseite – sie machen mich nur unruhig. Und wenn ich unruhig bin, muss ich sofort wieder die Medikamente nehmen. Ich scheine mich in einem Teufelskreis zu befinden, aus dem es kein Entrinnen gibt. An guten Tagen schocken mich solche Gedanken überhaupt nicht. Pah, wenn ich wollte könnte ich mit den Dingern von heute auf morgen aufhören. Außerdem ist jeder Mensch doch irgendwie von irgendetwas oder von irgendjemandem abhängig. Warum sollte es bei mir anders sein?

***

Stendermanns ziehen aus. Das bedeutet, neue Nachbarn über uns. Wenn ich auch nicht überaus neugierig bin, was unsere Nachbarschaft betrifft, so bringen solche Neuigkeiten doch Farbe in meinen ansonsten grauen Alltag. Ein paar Handwerker nehmen sich, nachdem die Wohnung ausgeräumt ist, diese zwecks Renovierung vor und eine Woche später hält ein riesiger Möbelwagen vor dem Haus.

Durch einen kleinen Gardinenspalt sehe ich mir die Familie an, die in Zukunft das Haus mitbewohnen wird. Die Frau hält ein kleines Mädchen an der Hand. Fasziniert beobachte ich, wie sie miteinander lachen und scherzen. Ich bin ganz in das fröhliche Bild versunken als das kleine Mädchen mit dem Finger der einen Hand auf das Fenster zeigt, hinter dem ich stehe, und mir mit der anderen Hand fröhlich zuwinkt.

Ertappt weiche ich vom Fenster zurück und spüre ein Gefühl der Scham in mir aufsteigen.

Eine Stunde später klingelt es, und die Frau steht mit ihrer Tochter vor meiner Wohnungstür. Freundlich lächelnd streckt mir die Frau die Hand entgegen und stellt sich vor.

„Guten Tag, ich bin Ihre neue Nachbarin, Frau Schwarze. Und dies ist meine Tochter Barbara.“ Eine Kinderhand wird mir gereicht, weich und doch gleichzeitig fest liegt sie verschwindend klein in meiner großen Hand.

Angetan von der Freundlichkeit der beiden Menschen, lasse ich mich auf eine Ausnahme ein und bitte sie in die Wohnung. Frau Schwarze nimmt freudig die Einladung an.

Das kleine Mädchen von Frau Schwarze ist fünf Jahre alt. Aus der Vorratskammer hole ich ein paar Kekse für Barbara und setze für Frau Schwarze und mich einen Kaffee auf. Am Rande registriere ich, dass sich die Vorräte dem Ende zu neigen, doch sofort schiebe ich den Gedanken wieder zur Seite und kümmere mich um meine Gäste.

Richtig aufgeregt bin ich, endlich seit langer Zeit wieder Besuch zu haben. Frau Schwarze erzählt kleine Anekdoten vom Umzug. Es habe sie hierher verschlagen, weil ihr Mann einen guten Posten, der ihn auf der Karriereleiter höher steigen lässt, angeboten bekam.

Fiel ihr die Entscheidung schwer, ihren Mann auf seinem Weg zu begleiten? Freunde und Familie aufzugeben und 600 km weit mit ihm zu ziehen? Frau Schwarze scheint sich über mein Interesse, das ich bekunde, zu freuen.

„Natürlich war es nicht leicht, auf mein gewohntes Umfeld zu verzichten. Bad Bederkesa ist meine Heimat. Hier lebt meine Familie, unser Freundeskreis – ich würde mich selbst belügen, wenn ich mir nicht eingestehen würde, wie sehr ich schon jetzt alle vermisse, kaum ein paar Stunden von Zuhause fort."

Ich merke, wie gut es Frau Schwarze bekommt, über ihre Situation zu sprechen; doch Barbara wird zusehends hibbeliger. Ihre Ungeduld ist verständlich. Wir haben kein Spielzeug in der Wohnung und über unser Gespräch ist sie ganz in den Hintergrund getreten.

***

Seit dem Einzug von Frau Schwarze scheinen die Ereignisse nicht abzureißen.

Heiner feiert bei Mutter und Hermann Abschied. Schon Tage vorher zermartere ich mir den Kopf, wie ich dort hinkommen soll. Ich weiß, auf Rüdiger ist kein Verlass. Zwar hat er mir versprochen, wir gehen gemeinsam hin, doch es wäre nicht das erste Mal, dass er mir etwas verspricht und mich hinterher hängen lässt.

Heiner ist mir sehr wichtig, und ich spiele in Gedanken durch, was ich tun kann, um bei seiner Feier dabei sein zu können (vorausgesetzt meine Ahnung stimmt und Rüdiger kommt nicht). Die bloße Vorstellung, was mir alles auf dem Weg dorthin passieren kann, lässt mein Blut schneller fließen. Was, wenn ich unterwegs umfalle? Hilflos sehe ich mich bereits am Boden liegen. Es geht einfach nicht. Ich schaffe das nicht. „Aber Heiner ist dir so wichtig", sagt eine Stimme in mir.

Stundenlang laufen solche Zwiegespräche in mir ab. Sie rauben mir alle Energie und nehmen mir meine restliche Kraft.

Über diesen Zwiespalt hinaus, beschäftigen mich zurzeit weitere Fragen. Zum einen muss ich unbedingt mit Rüdiger reden, vorausgesetzt, er kommt mal ansprechbar nach

Hause. Die ansonsten reich gefüllte Vorratskammer bietet nur noch das unbedingt zum Leben Notwendigste. Noch eine Woche vielleicht, und die Mäuse können sich Blasen an den Füßen holen, auf der Suche nach Essbarem.

Außerdem muss mich Rüdiger unbedingt zu einem Arzt fahren, damit ich weiterhin Medikamente bekomme. Mein kleiner gehorteter Vorrat neigt sich dem Ende zu. Der Gedanke, eines Tages ohne Medikamente leben zu müssen, verursacht mir dermaßen Panik, dass ich nachts kaum noch ein Auge schließen kann.

***

Mein Wunsch, mit Rüdiger zu sprechen, geht an diesem Abend nicht in Erfüllung. Lothar, ein Freund von Rüdiger, bringt ihn nach Hause. Rüdigers aufgedunsenes, im Alkoholrausch knallrotes Gesicht, verursacht in mir so große Übelkeit, dass ich das Würgen kriege. Mein Magen dreht sich um vor lauter Ekel bei seinem Anblick. Sein Anzug weist Dreckspuren auf, und beim näheren Hinsehen entdecke ich, dass er sogar in seine Hose urinierte.

Wie gern würde ich diesen Saufsack verlassen; doch das geht ja nicht. Nicht bei diesen Angstzuständen. Der zaghafte Gedanke, „vielleicht geht es dir so schlecht, weil du in so einer miesen Ehe lebst; vielleicht hat Dr. Konrad Recht, und du hast deshalb Ängste“, wird sofort in die hinterste Schublade verfrachtet.

Viele kleine Wunden füge ich mir in dieser Nacht wieder zu. Durch die neugierigen Blicke von Frau Dr. Neukirch bin ich vorsichtiger geworden. Ich nehme die kleinen Schnitte nicht mehr an den Händen oder den Handgelenken vor, sondern suche mir Stellen aus, die nicht für jedermann sichtbar sind. Heute Abend fällt meine Wahl auf meine Fußknöchel.

Wieder verspüre ich, wie bei den Malen zuvor, Erleichterung als der erste Blutstropfen hervorquillt. Behaglich lehne ich mich zurück. Der Druck in meinem Inneren lässt nach. Für eine unbestimmte Zeit – mal hält es kürzer, mal länger an – stellt sich innere Ruhe ein.

Am nächsten Morgen werde ich unsanft von Rüdiger von meinem provisorischen Lager in der Stube gezogen. „Weißt du, wo mein Schlüsselbund ist? Ich habe die ganzen Taschen danach abgesucht. Die Haustür ist abgeschlossen. Warst du das?“ Drohend, ein starker Kater scheint ihn nicht gerade in beste Laune zu versetzen, steht er vor mir. „Hoffentlich geht es ihm sauschlecht. Vor Kopfschmerzen soll er gar nicht mehr aus den Augen gucken können“, denke ich gehässig.

Gestern Nacht habe ich nach einem sicheren Versteck für Rüdigers und meine Schlüssel gesucht. Im Schmutzwäschekorb scheinen sie mir relativ sicher, denn der gnädige Herr macht einen großen Bogen um alles im Haushalt, was nach Arbeit riecht.

Rüdigers Gereiztheit geht in Hilflosigkeit über als er merkt, dass er so mit mir nicht weiterkommt. Ich nutze seine Ohnmacht und bestehe darauf, ihm erst die Schlüssel auszuhändigen, wenn wir zusammen gesprochen haben. Er schäumt, sieht aber ein, dass es besser ist, mich bei Laune zu halten. So kommt es, dass wir um 9 Uhr morgens vereint mit einer großen Kaffeemuck am Tisch sitzen. Jetzt kann ich meine Anliegen vorbringen. Dass ich dringend Medikamente benötige. Dass kaum noch Lebensmittel vorhanden sind.

Innerlich wappne ich mich vor Rüdigers Herumschreierei. Ich bin ganz auf sein Toben eingestellt. Doch weit gefehlt! Rüdiger spricht mit leiser Stimme über Dinge, die ich in meiner Scheinsicherheit, die ich mir aufgebaut habe, nicht habe sehen wollen. Rüdiger steht vor dem finanziellen Ruin. Fast steigt Schadenfreude bei dem Gedanken auf, „dieser Großkotz sitzt in der Tinte". Doch was ist mit mir? Welche Konsequenzen hat das für mein Leben?

In Rüdiger scheint sich große Erleichterung einzustellen, nachdem die Katze aus dem Sack ist. Zum ersten Mal seit Jahren verläuft ein Gespräch zwischen uns ohne Riesenschreierei ab. Im Laufe des Vormittags stellt sich sogar etwas von der alten Vertrautheit zwischen uns ein. Mir ist sehr schnell klar geworden, dass wir jetzt an einem Strang ziehen müssen, wenn wir beide nicht untergehen wollen. Überdeutlich wird mir meine Unselbstständigkeit bewusst. Was ist nur in den letzten Jahren mit mir passiert? Auf Gedeih und Verderben scheine ich an Rüdiger gefesselt zu sein. Mein Zorn auf ihn schmilzt in dieser Stunde zusammen. Ist es wirklich nur Rüdigers Schuld, wenn unsere Ehe nicht funktioniert?

Dr. Konrads Worte fallen mir ein – nicht Rüdiger sei für mein Glück verantwortlich, sondern ich selbst. Erwürgen hätte ich ihn für diese Aussage können. Wozu heiratet man denn schließlich? Aber vielleicht ist doch etwas Wahres an seiner Aussage? Doch das würde bedeuten, ich könne mich nicht mehr wie bisher mit Jammern darauf zurückziehen, mein Mann sei ein Widerling, der mir das Leben zur Hölle macht. Das würde weiter heißen, ich müsste die Verantwortung für mich selbst übernehmen und mein Leben nach meinen Bedürfnissen gestalten.

Ganz schlecht und schwindelig wird mir bei diesen Gedanken. Ich spüre genau, wenn ich sie weiter verfolge, wird es verdammt unbequem für mich werden. Dann könnte ich nicht weiter die Schuld bei Rüdiger suchen, sondern müsste nach Ursachen forschen, die unsere Ehe in diese katastrophale Richtung gebracht haben.

Unwirsch fege ich alle unbequemen Gedanken beiseite. Was ist bloß mit mir los? Rüdigers Stimme dringt jetzt wieder an mein Ohr. Was hat er gerade gesagt? „Die Wohnung muss verkauft werden?“ Drei Abträge seien schon aufgelaufen. Wo sollen wir denn hin? Alle freundlichen Gedanken, die ich noch vor wenigen Sekunden Rüdiger gegenüber hatte, sind wie weggeblasen. Wie kommt dieser Schweinehund von einem Mann dazu, mich in so eine ausweglose Lage zu manövrieren? Meine Hände beginnen zu flattern, als mir die Tragweite unseres Gespräches bewusst wird. Plötzlich kann ich nicht mehr. Mein Kopf fällt auf die Tischplatte und ohne mich weiter beherrschen zu können, schießen mir die Tränen in Sturzbächen aus den Augen.

Rüdigers Reaktion kommt für mich überraschend, wie so vieles heute. Sanft streichelt er mir über mein Haar. Diese unvermutete Zuwendung bringt mich ganz durcheinander. Wie lange ist es her, dass Rüdiger mich so behandelte? Mir kommt es wie eine Ewigkeit vor.

Unser fast trautes Beisammensein wird unsanft durch die Türklingel gestört. Schnell fische ich Rüdigers Schlüsselbund aus der Wäsche und Rüdiger öffnet. Vor ihm steht Frau Schwarze, mit Barbara an der Hand. Sie wollte fragen, ob ich etwas benötige, denn sie ginge jetzt einkaufen.

Rüdiger fertigt sie unfreundlich an der Haustür ab, und eine Minute später sind wir wieder allein. Doch die alte Vertrautheit, die für einen Moment entstanden war, kehrt nicht mehr zurück.

Viel reden wir an diesem Tag. Über die Forderungen, die Rüdiger nicht mehr ausgleichen kann. Über die Gehälter, die nicht mehr gezahlt werden können. Über seine Perspektivlosigkeit und vieles mehr.

Etliche Kannen Kaffee später steht Rüdiger auf. Lange und ruhig sieht er mich an. – Was ich wissen müsse, würde ich jetzt wissen. – Mit ganz leiser Stimme kommt der Satz von Rüdiger. Ich möchte nach diesem Nachmittag auch etwas Positives zu unserer Lage beitragen und versuche Rüdiger beim Hinausgehen etwas Mut zu machen. „Denke daran, so lange ein Mensch lebt, gibt es auch Hoffnung.“

***

Wie lange wird mich dieser Satz noch in meinem Leben verfolgen, denn zwei Stunden später ist Rüdiger tot. Die Nachricht erhalte ich von Hermann. Ein Polizist, der mit als Erster an der Unfallstelle war, meine kennt Familie und wollte mir jemanden zur Seite stellen. Beim Öffnen der Tür weiß ich bei Hermanns Anblick und dem ihn begleitenden Polizisten sofort, was die Uhr geschlagen hat. Jetzt erst kann ich Rüdigers Blick deuten. Er hat von mir Abschied genommen.

Hermann versucht, mir behutsam Rüdigers Unfall zu schildern. Ich höre von einem Tier, dem Rüdiger vermutlich ausweichen wollte, und davon, dass der Wagen dann ohne zu bremsen frontal gegen einen Baum fuhr. Einhellige Meinung aller, „Rüdiger ist einem Verkehrsunfall zum Opfer gefallen“.

Ich scheine die Einzige zu sein, die weiß, wie Rüdiger wirklich umgekommen ist. Als ich zu später Stunde Hermann von meiner Selbstmordtheorie berichte, wird er fuchsteufelswild. Und wenn es so sei – dann solle ich gefälligst so etwas denken – aber nicht an die Öffentlichkeit zerren. Ob ich denn gar nicht an die Versicherungssumme denke, die durch den Tod Rüdigers jetzt gezahlt werden müsse.

Keinen Gedanken habe ich an solche Formalitäten verschwendet. Doch jetzt, wo Hermann es ausspricht, geht mir das Gesagte nicht mehr aus dem Kopf. Es stimmt, wenn es kein Selbstmord war, würde die Versicherung nicht nur die Lebensversicherung auszahlen, sondern darüber hinaus das Doppelte, weil es sich um einen Unfall handelte. Das bedeutet, Rüdigers Personal kann ausgezahlt werden. Die Verbindlichkeiten können beglichen werden.

Wie es mit mir nach Rüdigers Tod weitergeht, ist mir schleierhaft. Erst später fällt mir auf, dass ich keinen Gedanken an meine Ängste verschwende. Die notwendigen Formalitäten für Rüdigers Begräbnis und die Regulierung mit der Versicherung erledige ich wie in Trance. Angst aus dem Haus zu gehen? Keinen Gedanken verschwende ich daran. Die Erledigungen nehmen mich ganz in Anspruch, und es bleibt einfach keine Zeit, über mich nachzudenken.

Hermann ist mir zu dieser Zeit eine große Stütze. Mutter geht es gesundheitlich nicht gut. Ihr Herz macht ihr in letzter Zeit immer mehr zu schaffen. Doch ich gebe mich da keinen Illusionen hin. Längst weiß ich, dass sie mir auch nicht zur Seite stehen würde, wenn keine gesundheitlichen Gründe sie einschränken würden. „Mutter ist sich selbst immer am nächsten gewesen“, denke ich voller Bitterkeit. Heiner kommt erst am Tag der Beerdigung. Wie gut tut es mir, mich in seine schlaksigen Arme fallen lassen zu können. Lange stehen wir so zusammen, ohne ein Wort zu sprechen. Heiner, der einst von mir so gehasste Bruder, ist im Laufe der Jahre für mich zu einem der wichtigsten Menschen in meinem Leben geworden.

Kurt wird der Beerdigung nicht beiwohnen können. Seine Urlaubsreise mit Ute geht mit dem Campinganhänger durch Südfrankreich, und es gibt keine Anschrift, unter der ich die beiden informieren kann. Vielleicht ist das auch gut so, sie erfahren noch früh genug von den Geschehnissen. Hinzu kommt, beide standen Rüdiger und seinem Lebenswandel sehr distanziert gegenüber.

Tante Hanne steht mir in der Kapelle und am Grab zur

Seite. Ich kann immer noch nicht fassen, dass dort in dem Eichensarg Rüdiger liegt. Der Mann, den ich von ganzem Herzen liebte und später von ganzem Herzen hasste. Hatte ich ihm zwischenzeitlich nicht sogar den Tod gewünscht? Die Rede des Pfarrers zieht an mir vorbei, als ginge es um einen fremden Menschen. Wie viele Tränen habe ich in dieser Ehe vergossen? Jetzt, wo der endgültige Abschied von Rüdiger gekommen ist, kann ich nicht weinen. Meine Gedanken schweifen zu dem letzten Gespräch, das wir beide führten. Noch einmal empfinde ich die Nähe, die sich für einen kurzen Moment eingestellt hatte. Voller Bedauern blicke ich auf die Jahre unserer Ehe zurück. Unsere Gefühle füreinander waren so stark. Wo haben wir uns verloren? Warum habe ich die ersten Warnzeichen übersehen?

Vollkommen überrumpelt drücke ich die Hand des Pfarrers, die er mir zur Kondolenz reicht. Ich war so in meine Gedanken eingesponnen, dass ich gar nicht das Ende der Rede mitbekommen habe und dass sich der Sarg in die Grube senkt. Tante Hanne ist es, die mir meine Blumen aus der Hand nimmt und auf den Deckel des Sarges wirft.

Die Kondolierungen scheinen kein Ende zu nehmen. Rüdigers Beruf und seine Aufgeschlossenheit ließen eine stattliche Zahl Trauergäste seiner Beerdigung beiwohnen. Meine Teilnahmslosigkeit erlischt im selben Moment, in dem ich Laura sehe. Auch sie hat es sich nicht nehmen lassen, zu kommen. Als sich unsere Augen treffen, weiß ich, die Zeit, in der wir uns gram waren, ist vorüber. Viele Jahre sind seit unserem letzten Zusammensein vergangen, doch die alte Vertrautheit lässt sie auf ein Minimum schrumpfen. Alles andere kommt ganz automatisch: wir liegen uns in den Armen, und wie erlöst schluchze ich auf. Laura, wie konnte ich es in den letzten Jahren nur ohne dich aushalten? Ganz sanft wiegt Laura mich in ihren Armen, und ich merke, wie eine tiefe innere Ruhe sich in mir ausbreitet.

Die nächsten Stunden gehören noch einmal Rüdiger. Im Gasthof Huber ist die Kaffeetafel zu seinen Ehren gedeckt. „Das Fell versaufen“, nennt es ein Freund Rüdigers makaber. Knapp zwei Stunden halte ich aus, Tante Hanne auf der einen Seite, meine wiedergewonnene Freundin Laura auf der anderen. Dann kann ich die Runde, in der wir zusammensitzen, nicht mehr ertragen. Was zuerst wie ein Häufchen trauernder Menschen aussah, die bei Kaffee und Kuchen noch einmal Rüdigers gedenken wollten, verwandelt sich jetzt in ein Saufgelage. „Ein wahrhaft würdiger Abschied, Rüdiger“, denke ich sarkastisch beim Hinausgehen. Hermann eilt hinterher. „Marita, geh nur, ich halte hier die Stellung. Wenn du irgendetwas brauchst, scheu dich nicht, danach zu fragen. Ich komme auf alle Fälle morgen nach dir sehen.“ Dankbar nicke ich ihm zu. Ich weiß, auf Hermann kann ich mich verlassen. Jedenfalls, solange er sich nicht gegen Mutter stellen muss.

Laura begleitet mich nach Hause und lässt es sich auch nicht nehmen, die ersten Stunden bei mir zu bleiben. Erst als ich ein heißes Bad genommen habe und mit einer Riesenkanne Tee auf meinem Nachttisch im Bett liege, verabschiedet sie sich mit dem Versprechen, bald wieder zu kommen.

Die Aufregung und die Anstrengung des Tages lassen mich auf der Stelle einschlafen.

Zwei Uhr nachts schlägt die Kirchturmuhr als ich aus einem bleiernen Schlaf erwache. Sofort sind alle Geschehnisse wieder in meinem Gedächtnis. In den Nächten davor erging es mir ähnlich. Ich spüre aber bereits nach einigen Sekunden, es hat sich etwas für mich verändert. In den vorausgegangenen Nächten ging mir alles Mögliche durch den Kopf. Vieles musste geregelt werden, das fällt nun weg. Rüdiger ist beerdigt. Die äußeren Formalitäten sind erledigt. Die Firmenangelegenheiten und die Regulierungen mit der Versicherung sind angelaufen bzw. in den Händen von Hermann gut aufgehoben. Jetzt bin ich allein mit mir und meinen Gedanken. Allein! Wann war ich jemals in meinem Leben allein? Kann ich überhaupt alleine sein? Wie soll ich mein Leben gestalten? Entsetzen schwappt wie eine Woge über mir zusammen. Mit zitternden Beinen eile ich in die Küche und nehme eine Beruhigungstablette. Innerhalb der nächsten halben Stunde nehme ich drei nach, bis ich für mich das Gefühl habe, über die Nacht zu kommen.

Wieder im Bett fällt mir ein alter Schlager ein. „Wenn du denkst, es geht nicht mehr, fehlt der Glaube, fehlt der Mut, kommt von irgendwo ein Lichtlein her, dann ist alles alles wieder gut.“ Ich schließe meine Arme ganz fest um meinen Körper, so als wenn ich mich selbst in den Arm nehme, summe leise das Lied und versuche mir vorzustellen, auch für mich könne so ein Lichtlein von irgendwoher kommen. Doch statt Hoffnung verspüre ich nur Resignation und Verzweiflung. Mein Körper schmerzt überall. Endlich falle ich gegen Morgen in einen tiefen Schlaf.

Schweißgebadet wache ich nach Stunden durch ein Geräusch auf, das ich zunächst gar nicht identifizieren kann. „Die Klingel“, schießt es mir durch den Kopf. Meine Beine wollen mich kaum tragen, doch irgendwie schaffe ich es, mir einen Morgenmantel überzuwerfen und die Tür zu öffnen.

Heiner geht mit einem fröhlichen Gruß an mir vorbei in die Küche, in der Hand einen riesigen Picknickkorb. „Ab ins Bad mit dir, ich habe einen Bärenhunger und hoffe, du leistest mir Gesellschaft bei einem späten Frühstück.“ So kommt es, dass wir uns Minuten später am Küchentisch gegenübersitzen. Heiner bemüht sich sichtlich, mich aufzuheitern. Ich bringe es einfach nicht übers Herz, ihm von der letzten Nacht zu erzählen. Um 18 Uhr geht sein Zug nach Dortmund und ich weiß, ich würde ihm sein Herz schwer machen, wenn ich jetzt zu jammern anfinge.

Scheinbar gehe ich auf seinen leichten Ton ein, und Heiner wirkt darüber sehr erleichtert.

Wir sind gerade bei der zweiten Tasse Kaffee angekommen, als erneut die Türklingel anschlägt: Hermann steht mit Blumen vor der Tür und bringt eine Einladung zum Essen mit. „Mutter lässt dich grüßen. Es geht ihr heute etwas besser, und sie möchte gerne dein Lieblingsgericht kochen.“ Nur ungern sage ich zu. Mein Verhältnis zu Mutter hat sich in all den Jahren als zu problematisch entwikkelt, um mich uneingeschränkt über ein Zusammensitzen freuen zu können. Doch die Angst, über Stunden alleine in der leeren Wohnung zu sein, ist größer als alles andere.

Überhaupt haben sich meine Angstzustände total verändert. War es mir in der Zeit vor Rüdigers Tod nicht möglich hinauszugehen, so flüchte ich jetzt aus der Wohnung, wo ich kann. Hauptsache, ich bin nicht allein. Wenn sich ein Alleinsein gar nicht vermeiden lässt, komme ich nur mit Medikamenten über die Runden. Zurzeit habe ich genügend Pillen, denn jeder Arzt, den ich aufsuche, führt meine Bitte danach auf Rüdigers Tod zurück.

***

Mit Laura verbindet mich wieder die alte Herzlichkeit. Wir gehen noch sehr vorsichtig miteinander um, denn offensichtlich haben wir beide Angst, der andere könne sich wieder entfernen. Doch eines Tages hält Laura mit ihrer Sichtweise nicht mehr zurück. Sie spricht davon, wie sehr sie meine Umgehensweise mit Medikamenten beunruhigt. „Du weißt, ich bin in dieser Richtung beruflich vorbelastet. Ich habe viele Menschen gesehen, die mit ihrem Leben nicht zurechtkommen und versuchen, sich mit Medikamenten zuzudecken. Marita, du musst dein Leben ändern, wenn du ein zufriedener Mensch werden willst. Mit einer Medikamentenabhängigkeit ist nicht zu spaßen. Du bist auf dem besten Weg dahin und manchmal befürchte ich, du sagst mir wegen deiner täglichen Dosis nicht die Wahrheit und bist bereits abhängig.“ Betroffen sehe ich auf den Fußboden. Ich möchte Laura nicht anlügen. Es stimmt ja. Schon lange habe ich erkannt, dass ich mir etwas vormache, wenn ich herumposaune, ich könne jederzeit aufhören, wenn ich nur wolle.

Laura appelliert eindringlich an mich, therapeutische Hilfe anzunehmen. „Ich merke doch, wie sehr dich Rüdigers Tod beschäftigt. Aus unseren Gesprächen weiß ich, wie sehr du die Schuld für seinen Unfall bei dir suchst. Doch du bist nicht verantwortlich für Rüdiger und sein Leben gewesen und schon gar nicht für seinen Tod.

Die Gedanken, die ich sonst nur mit mir abmache, breite ich vor Laura aus. Dass ich Rüdiger eine schlechte Frau gewesen bin. Als Versagerin stehe ich da, sonst hätte Rüdiger es nicht nötig gehabt, nach anderen Frauen zu sehen. Ich habe ihm nicht den notwendigen Rückhalt gegeben, den er für die Firma brauchte. Wenn meine Reaktion an seinem Todestag eine andere gewesen wäre, hätte Rüdiger sich vielleicht von mir unterstützt gefühlt und keine Verzweiflungstat begehen müssen.

Laura hört geduldig zu, will aber von meinen Schuldgefühlen nichts wissen. „Rüdiger war ein erwachsener Mensch. Wenn er mit seinem Leben nicht zurechtkam, so ist das einzig und allein seine Sache. Außerdem ist es in keinster Weise erwiesen, dass er Selbstmord verübt hat.“

Über Stunden sitzen wir zusammen. Laura geht sogar zur Telefonzelle an der Ecke und holt sich aus der Klinik die Erlaubnis für einen Urlaubstag. Noch nie trat Laura ihren Dienst nicht pünktlich an. Das zeigt mir, wie sehr ich ihr am Herzen liege.

Es ist weit nach Mitternacht als Laura zu sich nach Hause geht. Meine Schlafgelegenheit, die ich ihr anbiete, lehnt sie ab. „Ich denke, du solltest jetzt zur Ruhe kommen und dann noch einmal über alles nachdenken." Ganz traurig bin ich über Lauras Weggang nicht, denn meine innere Unruhe wird immer stärker. Laura hat kaum die Wohnungstür hinter sich ins Schloss fallen lassen, da stehe ich schon mit meinen Tabletten in der Hand am Spülbecken, um sie mit einem Glas Wasser einzunehmen. Mein schlechtes Gewissen Laura gegenüber lässt mich mehr als sonst an ihnen würgen. Wenn ich es mir auch nicht in Lauras Gegenwart eingestehen wollte, das heutige Gespräch mit ihr hat mich stark getroffen. Uneingeschränkt kann ich ihr zustimmen, meine Medikamenteneinnahme hat schon seit Jahren einen Abhängigkeitscharakter angenommen. Mein ohnehin mangelndes Selbstwertgefühl geht noch mehr in den Keller, wenn ich mir überlege, dass ich ein so schwacher Mensch bin, der sich aus seiner Abhängigkeit nicht lösen kann. Was habe ich schon aus meinem Leben gemacht? Ich kann nichts! Ich bin nichts!

Ich muss mein Leben ändern!

***

Meine finanzielle Situation ist nicht berauschend, jedoch stabil. Mit dem Betrieb habe ich nichts mehr zu tun. Alles liegt jetzt in den Händen von Ralf Brünjes. Die Abgabe der Firma in seine Hände wäre sicher in Rüdigers Sinn gewesen.

Ist es meine freie Zeit? Die Angst vor dem Alleinsein? Ich weiß es nicht. Jeden Abend verlasse ich, wie von etwas

Unbestimmtem getrieben die Wohnung. Bis zur nächsten Stadt sind es einige Kilometer mit dem Taxi. In kürzester Zeit kenne ich jedes Lokal am Orte. Das, was ich Rüdiger während unserer Ehe vorwarf, mache ich jetzt selbst. Es vergeht kaum ein Tag, an dem ich um Mitternacht noch nüchtern bin. Wo ich auch auftauche, lange bleibe ich nie allein. Es vergeht auch selten eine Nacht, in der ich alleine nach Hause fahre. Bin ich die erste Zeit noch wählerisch, wenn es um die Bekanntschaft von Männern geht, so greife ich mir nach kürzester Zeit wahllos, wen ich ohne große Anstrengung bekommen kann.

Jetzt lerne ich die andere Seite des Lebens kennen – so meine ich. Die süße Seite des Lebens. Keine großen Gedanken mehr über mich und mein Leben. Ich lebe in den Tag hinein und frage nicht mehr nach dem morgen. Jeder Mann, den ich mit in mein Bett schleppe, ist Bestätigung, begehrt zu werden; noch nicht zum alten Eisen zu gehören.

Monatelang verläuft mein Leben immer nach demselben Schema. Bis in die Nacht hinein unterwegs sein, mit jemandem an meiner Seite einschlafen, morgens, oder besser nachmittags, voller Ekel auf den von mir Auserwählten sehen und ihn hinauskomplimentieren.

Laura sehe ich wenig in dieser Zeit. Es ist nicht so, dass sie keinen Kontakt zu mir sucht. Immer wenn ich sie sehe, spüre ich ihre Sorge um mich, und das kann ich zurzeit nicht ertragen. Ich will keine Probleme mehr an mich herankommen lassen, schwöre ich mir, nicht merkend, dass ich mich immer mehr mitten in sie hineinsetze. Hin und wieder dämmert es mir schon, dass solch ein Leben – Alkohol, Tabletten, mangelnder Schlaf, kaum Bewegung, ganz abgesehen von einer völligen Fehlernährung – nicht ohne Folgen bleiben kann. Wenn ich manchmal aus dem Fenster sehe und mein Blick auf Mütter mit Kindern fällt, verspüre ich eine tiefe Sehnsucht. Vielleicht, denke ich dann, wäre mein Leben anders verlaufen, wenn ich damals das Kind hätte austragen können.

Mein ganzes Leben scheint nur noch aus einem „hätte" zu bestehen. Laura gibt es mir deutlich zu verstehen: „Wenn wir eine Gans gehabt hätten, wäre das Huhn nicht ertrunken." Zwar lache ich herzlich über diesen Ausspruch, doch ich weiß natürlich genau, was Laura mir damit sagen will. Das Zurückziehen auf diese Sichtweise macht es mir leicht, mich darauf auszuruhen und nichts zum Positiven zu verändern.

An einem wunderschönen Juniabend sitze ich mit einer jungen geschiedenen Frau an einem Tisch vor dem „Sounds". Zu dieser Uhrzeit, in dieser Jahreszeit, ist der Laden noch leer, so dass wir ganz in Ruhe das Treiben auf der Straße beobachten können. Unser seichtes Geplauder, das weit entfernt ist von den Gesprächen, die ich mit Laura führe, dient lediglich der Unterhaltung und lässt uns innerlich einander nicht näher kommen.

Wir sitzen schon eine gute Stunde und genießen das schöne Wetter als sich am Nebentisch ein Mann um die Vierzig niederlässt. Seine sommerliche Kleidung ist modisch, und ich registriere voller Anerkennung seine braun gebrannten markanten Gesichtszüge. Unter buschigen dunklen Augenbrauen leuchten ein paar himmelblaue Augen, die jetzt auf mich gerichtet sind. Toller Mann, denke ich, den werde ich mir heute an Land ziehen.

Zunächst scheint mein Plan auch aufzugehen, denn bereits ein paar Minuten später sitzt Gerold Landmann an unserem Tisch und nimmt an unserer Plauderei teil. Von Bier zu Bier wird unser Gespräch lustiger; wir scherzen viel und sind alle drei bester Laune. Als es kühler wird, legt Gerold – wir sind inzwischen in unserer Bierlaune zum Du übergegangen – mir fürsorglich seine leichte Leinenjacke über die Schultern. Unser Geplauder setzen wir, als es draußen zu kühl wird, im Inneren des „Sounds“ fort. Ich wittere leichtes Spiel. Gerold fällt angenehm aus dem Rahmen der Männer, die mir in der letzten Zeit körperlich näher gekommen sind. Bass erstaunt bin ich, als Gerold sich kurz nach Mitternacht verabschiedet. Vollkommen verblüfft schaue ich ihn an. Soll das alles gewesen sein?

Gerold bittet mich um ein Wiedersehen! Noch knapp vier Wochen wird er in der Nähe als Ingenieur tätig sein, bevor er wieder in seine Heimat nach Bremerhaven zurückkehrt. In dieser Nacht schlafe ich allein. Dies ist weniger mein Verdienst, denn Gerold hat mir ganz unmissverständlich gezeigt, dass er in keinster Weise daran interessiert ist, mit mir ins Bett zu gehen. Mein recht deutliches Vorgehen kommentierte er lachend mit: „Tut mir Leid, Marita, ich bin kein Mann für eine Nacht.“ Ich schwanke zwischen Hochachtung und Groll bei dieser offenkundigen Zurückweisung.

Zum ersten Mal seit langer Zeit pfeife ich im Bad ein Lied vor mich hin. Viel Zeit habe ich noch, bis Gerold mich zum Essen abholt. Immer wieder kommt mir Bremerhaven in den Sinn. Plötzlich fällt mir meine Nachbarin, Frau Schwarze, ein. Sie kommt aus Bad Bederkesa – nur 20 km von Bremerhaven entfernt. Von ihr werde ich mir nähere Informationen über diese Stadt holen und mit meinem Wissen Gerold beim Essen verblüffen. Gedacht, getan. Nachdem ich etwas Kuchen für Frau Schwarze, für Barbara und mich besorgt habe, hält mich nichts mehr davon ab, bei ihr zu klingeln. Ich habe Glück, Frau Schwarze ist auch zu Hause und öffnet auf mein Klingeln sofort. Ihre freundliche Miene wird eisig als sie mich erkennt. Abfällig mustert sie mich von oben bis unten. Barbara schaut neugierig hinter dem Rücken der Mutter hervor, wird aber von dieser mit einer Handbewegung in die Wohnung zurückgeschickt. „Wie können Sie es wagen, an unserer Tür zu klingeln. Sie sind durch und durch verdorben. Es ist schon schlimm genug, dass Sie ständig neue Männer mit in dieses Haus bringen, doch das ist und bleibt Ihre Privatangelegenheit. Auch wenn einige Leute in diesem Haus das anders sehen und Sie am liebsten von heute auf morgen vor die Tür setzen würden. Sie sind eine Schande für unser Haus. Wagen Sie es nie wieder, an unserer Tür zu klingeln."

Wie ein begossener Pudel stehe ich vor Frau Schwarzes Wohnungstür, die sie mir vor der Nase zuknallt. Als oben eine Nachbartür geht, finde ich endlich die Kraft, in meine Wohnung zu stürzen. Der Kuchen fliegt in den nächsten Eimer. Ich kann meine Tränen nicht mehr zurückhalten. Kein Gedanke mehr an Gerold ist in mir. Auch kein Gedanke an unsere Verabredung und dass ich mich dafür besonders hübsch machen wollte. Zu tief sitzt das von Frau Schwarze Gesagte. So werde ich hier im Haus gesehen. Deshalb das Getuschel, das sofort verstummt, wenn ich den Hausflur betrete. Wie konnte ich nur so blind sein. An dem veränderten Verhalten der Bewohner unserer Straße hätte ich ihre Gedanken über mich ablesen können. Doch ich habe in den letzten Monaten nicht nach rechts oder links gesehen und war nur darauf aus, so viel wie möglich zu erleben. Wer sollte auch verstehen, dass ich versuche, mir über Männerbekanntschaften Bestätigung zu holen. Mein ständiges Unterwegssein diente der Suche nach Nähe, und vor allem lenkte es mich von meiner Angst vor dem Alleinsein ab.

Meine letzte Begegnung mit Hermann kommt mir ins Bewusstsein. Seine knappe Art, mit der er nur das Notwendigste mit mir besprach. Und ich hatte gedacht, er sei nur nicht besonders gut drauf an diesem Tag. Viele kleine Begebenheiten fallen mir ein, denen ich bisher keine besondere Bedeutung gab. Z. B. wechselt Frau Hagedorn die Straßenseite, wenn sie mich sieht. Und ich dachte bisher, sie wisse nicht, wie sie sich nach Rüdigers Tod mir gegenüber verhalten soll. Mit Sicherheit wurde auch Laura mein jetziger Lebenswandel unterbreitet. In so einem kleinen Ort bleibt das gar nicht aus. Doch unverdrossen hält sie ihre Freundschaft zu mir aufrecht.

Es wird ein Nachmittag der inneren Abrechnung. Was vorher niemand schaffte, selbst Laura mit ihrer Liebe und ihrer Sorge um mein Wohlbefinden nicht, hat Frau Schwarze mit ihren Worten und ihrer unverhüllten Abneigung, die sie gegen mich und meinen Lebensstil zeigte, vollbracht. Diesmal gibt es kein Davonlaufen, das spüre ich. In meine Gedanken hinein schellt die Klingel. Der Uhrzeit nach wird es Gerold sein, der mich zum Essen abholen will. Doch in meinem Leben ist heute keine Zeit für einen Gerold.

Die Sonne verabschiedet sich an diesem schönen Sommerabend, für dessen Schönheit ich keinen Blick hatte, gerade als ich mein inneres Fazit beende. Fast symbolisch, denke ich.

***

Ich halte mich am nächsten Tag gar nicht erst durch eine telefonische Terminabsprache auf. Mit dem ersten Bus fahre ich direkt zu Dr. Konrads Praxis. Mir ist klar, dass er nicht sofort Zeit für mich haben wird. Doch dieser erste Schritt zu einer Veränderung in meinem Leben muss jetzt und heute passieren, das spüre ich genau.

Vier Stunden vergehen, in denen ich im Wartezimmer sitze. Zwischendurch gehe ich durch den Ort. Dann endlich dringe ich zu Dr. Konrad vor.

Kein Wort über meinen unrühmlichen Abschied kommt

über seine Lippen, und ich bin ihm dankbar dafür. Dr. Konrad kann mir heute nicht die Zeit widmen, die ich bei unserem letzten Zusammensein in Anspruch nahm. Am Ende der fünfzigminütigen Sitzung sind wir uns einig. Als Erstes werde ich von Dr. Konrad in die Kreisstadt-Klinik eingewiesen, damit die notwendige Entgiftung vorgenommen werden kann. Dr. Konrad erklärt mir dazu: „Was nützt es Ihnen, wenn wir in der Therapie versuchen, Ihre alten Verletzungen sichtbar zu machen um damit Erklärungen zu finden für Ihre selbstschädigenden Verhaltensmuster, wenn Sie dann nach Hause gehen und mit Medikamenten oder Alkohol alles wieder dicht schütten." Das leuchtet mir ein, nimmt mir jedoch nicht meine Angst vor der Klinik.

Dr. Konrad bleibt hart. Ohne Entgiftung keine Therapie bei ihm. „Sicher werden die nächsten Wochen für sie hart werden. Eine Therapie ist kein Zuckerschlecken. Wenn Sie die Entgiftung nicht auf sich nehmen und nicht durchstehen, wie wollen sie dann die Schmerzen der alten Verletzungen ertragen, die sich in der Therapie unweigerlich einstellen werden?"

Seufzend stimme ich zu und finde mich am nächsten Tag auf der Station ein, auf der mich Dr. Konrad schon ankündigte. Laura habe ich abends noch von meinem Entschluss in Kenntnis gesetzt. Ich bin gerührt, wie groß ihre Freude darüber ist. Ganz fest verspricht sie mir, mich, wann immer es möglich ist, zu besuchen.

Die nächsten vierzehn Tage kann ich getrost aus meinem Leben streichen. Keine Medikamente, die mir helfen, meine Gefühle und Gedanken wegzudrücken. Ich kann die Welt nicht mehr durch eine rosarote Brille sehen, und die ganze Jämmerlichkeit meines Lebens holt mich in dieser Zeit ein. Im Großen und Ganzen scheint das Personal viel Verständnis aufzubringen und versucht mir und meinen Mitstreitern Mut zuzusprechen. Anders verhält es sich bei Schwester Hertha. Ihr scheint es fast diebisches Vergnügen zu bereiten, immer wieder eine kleine Spitze loszulassen. Mir gibt sie heute auf dem Weg zur Beschäftigungstherapie die nette Aussicht mit. „Das nützt doch sowieso alles nichts. In ein paar Wochen sind Sie wieder da."

Dieser Satz wurmt mich den ganzen Tag über, lässt mich aber nicht resignieren. Er scheint stattdessen eher Kräfte freizusetzen, und ich denke bei mir: „Du alte Hexe, dir werde ich es zeigen." Zwei Tage später wird mir die Reaktion von Schwester Hertha erklärlich. Ich erfahre von Susanne, einer Mitpatientin, dass Hertha mit einem Mann verheiratet war, der bis zu seinem Tod alkohol- und tablettenabhängig war. Ich sehe sie jetzt zwar mit anderen Augen – aber sympathischer wird sie mir trotzdem nicht.

Gleich in den ersten Tagen werde ich von oben bis unten auf organische Krankheiten untersucht. Wieder einmal. Inbrünstig hoffe ich, vielleicht finden diese Ärzte nun doch etwas, was alle anderen übersehen haben. Im Innersten jedoch weiß ich, dass das nicht so sein wird.

So kommt es dann auch. Nacheinander trudeln die Untersuchungsergebnisse ein. Bis auf eine leichte Anämie, die mich bei meiner Fehlernährung in den letzten Jahren kein bisschen verwundert, erscheinen keine Auffälligkeiten. Selbst meine Leber, die in den letzten Jahren durch die enorm hohe Menge Tabletten Schwerstarbeit leisten musste, erbarmt sich meiner und zeigt normale Werte. „Da haben Sie aber Glück gehabt, Frau Metzler, bei der Arzneimenge, die Sie in der Anamnese angegeben haben, hätte Ihre Leber Ihnen einen bösen Streich spielen können."

Lieb gemeint von Frau Dr. Langerich, doch meine Freude hält sich in Grenzen. Richtig schöne auffallende Werte, die jedem, der es wissen will oder auch nicht, gezeigt hätten, guck mal, da kommen die Schmerzen von Frau Metzler her – wie konnte das von den Fachleuten übersehen werden – würden mir und meiner Umwelt eine Erklärung für die ständigen Bauch- und Rückenschmerzen liefern. Seit dem Absetzen der Medikamente sind sie bedeutend schlimmer geworden. In meinem Hals sitzt ein dicker Kloß, der auch nach mehrmaligem Schlucken nicht verschwindet. In der Nacht kann ich kaum ein Auge zumachen, was natürlich zur Folge hat, dass ich mich am Tage wie gerädert fühle. Fast auf Knien habe ich um eine Schlaftablette gebettelt, die mich wenigstens für einige Stunden von meinem physischen und psychischen Leid erlöst. Doch ich müsste schon Geiseln in diesem Krankenhaus nehmen, um meinen Wünschen Nachdruck zu verleihen, anders wird hier rein gar nichts an Arzneien herausgerückt. Nicht mal ein paar Tropfen Baldrian sind erlaubt. „Frau Metzler, es geht nicht um die paar Tropfen Baldrian. Wenn wir Ihnen jetzt ein Mittel gegen Ihre Nervosität oder Ihre Schlafstörungen geben, haben Sie wieder gelernt, dass Beruhigung durch etwas von außen kommt. Sie müssen lernen, Spannungen abzubauen, ohne Mittel von außen."

Am nächsten Tag finde ich mich in der Gruppe für Autogenes Training wieder. Mir wird erklärt, autogen heiße „aus sich selbst heraus". Die Übung, die mir heute gezeigt wird, soll ich jetzt mindestens dreimal am Tag durchführen. Ein kleiner Seufzer kommt über meine Lippen. Wie herrlich einfach war es doch, mal eben eine Tablette herunterzuspülen, und Schmerzen und Ängste verschwinden. „Doch wohin verschwinden sie", überlege ich; „wo bleiben die Schmerzen und die Angst"? Liegen sie nicht nur einfach auf der Lauer, um beim kleinsten Anlass sofort wieder da zu sein?

Schwester Hiltrud hat mir gestern etwas gesagt, das mich sehr nachdenklich macht. Während ich alle Ängste lieber heute als morgen los wäre, setzt sie dagegen, wir würden Angst zum Überleben brauchen. Sie erzählt mir von der Steinzeit, in der die Menschen ständigen Gefahren durch riesige Tiere ausgesetzt waren. Das bedeutete zwangsläufig für sie, in einem Bruchteil einer Sekunde die Muskeln anspannen zu können, um sich dann möglichst schnell in Sicherheit bringen zu können. In unserer zivilisierten Zeit sind wir nicht mehr auf diese Fluchtreflexe angewiesen, die Überreste der Reflexe sind aber immer noch in jedem von uns.

Ein gesunder Anteil Angst in uns sorge dafür, dass wir gefährlichen, risikoreichen Unternehmungen aus dem Weg gehen. Ich höre noch Schwester Hiltruds Worte: „... also hat Ihre Angst auch schützenden Charakter."

Für mich ist das eine ganz neue Sichtweise. Dachte ich bisher, meine Angst sei etwas, was auf Nimmerwiedersehen verschwinden soll, so stelle ich mir jetzt die Frage, vor wem oder was will ich mich schützen?

Die ersten zehn Tage in der Klinik vergehen schleppend. Das tägliche Einerlei geht mir auf den Geist. Besuche dürfen wir auf unserer Station in den ersten zwei Wochen überhaupt nicht erhalten. Nach acht Tagen ist es erlaubt, in der Zeit von 19.00 Uhr bis 20.00 Uhr Anrufe zu bekommen. Der Entzug der Medikamente macht mich teils müde, teils aggressiv. In den ersten Tagen frage ich mich, warum soll ich überhaupt noch aufstehen? Immer diese Schmerzen und diese ständige Übelkeit. Das ist doch kein Leben mehr.

Kathrin, die kleine Lernschwester, tröstet mich. „Sie schaffen das, Frau Metzler, das weiß ich ganz genau. Sie müssen nur ein wenig Geduld aufbringen." Ihre Worte in Gottes Ohr, denke ich.

Gerne würde ich mich, wenn mich Resignation oder Müdigkeit übermannt, auf mein Bett legen, was jedoch strengstens verboten ist. Außerhalb der Nacht und der Mittagszeit ist das Liegen im oder auf dem Bett nicht erlaubt. Schwester Hiltrud erklärt mir, Menschen in meiner Situation würden dazu neigen, sich in das Bett zu verkriechen, und damit jegliche Aktivität aufgeben. Das Bett biete sich auch wunderbar an, Konflikten aus dem Weg zu gehen. Ihre Belehrungen, die sie mit dozentenhafter Stimme erteilt, ärgern mich zwar, doch wenn ich ganz ehrlich in mich hineinhorche, enthalten sie schon ein Körnchen Wahrheit.

Am selben Nachmittag, an dem dieses Gespräch mit Schwester Hiltrud läuft, gibt es für mich eine Sitzung mit Herrn Dr. Busche. Endlich, denke ich, hier hast du jetzt einen kompetenten Ansprechpartner, dem du von deinen Schmerzen erzählen kannst. Mit dieser Hoffnung gehe ich in das Gespräch. Als ich eine halbe Stunde später seinen Behandlungsraum verlasse, bin ich noch nachdenklicher als zuvor bei Schwester Hiltrud. Dieser Tag scheint sich für mich zu einem Tag der Erkenntnis auszuwachsen. Dr. Busche wollte mit mir nicht weiter über die Schmerzen sprechen, die mich seit Jahren plagen. Vielmehr war es sein Anliegen, mir noch einmal nahe zu bringen, dass ich körperlich absolut gesund bin und lernen muss, meine Schmerzen als Ausdruck meiner Seele zu sehen. Nach Meinung von Dr. Busche zeigen meine Schmerzen auf alte, schmerzhafte Verletzungen, die ich fest in meinem Inneren verschließe, um nicht mehr stets und ständig an sie erinnert zu werden. „Das ist auf Dauer keine Lösung, Frau Metzler. Denn in Ihrem Unbewussten eitern diese Wunden weiter."

In der kommenden Nacht wälze ich mich im Bett hin und her. Je mehr ich mich zwingen will, einzuschlafen, desto wacher werde ich. Wenn ich jetzt wenigstens zu Hause wäre und lesen könnte, wünsche ich mir. Doch meine drei Zimmergenossinnen schlafen wie die Murmeltiere und würden sich über eine Störung meiner Nachttischlampe schön bedanken. So finde ich mich morgens in denkbar schlechtester Laune beim Frühstück ein. Und wieder einmal wird mir schmerzhaft deutlich, wie nackt meine Gefühle anderen Menschen gegenüber jetzt ohne Medikamenteneinnahme daliegen. Mir wird heute, einen Tag vor meiner Entlassung bewusst, wie sehr ich in den letzten Jahren unter dem Einfluss dieser Medikamente dahingedämmert, fast kann ich sagen dahinvegetiert, habe.

Diese Überlegungen verfolgen mich die nächsten Tage auf Schritt und Tritt, und ich nehme sie beim Verlassen der Klinik mit in mein *neues Leben* – so werde ich die Zeit nach meiner Entgiftung nennen.

***

Im Haus scheint keiner gewusst zu haben, dass ich mich in der Klinik befinde. Laura hat sich um die Blumen und ums Lüften gekümmert. Sie hat die an mich gerichtete Post auf den Küchentisch gestapelt. Unter anderem befindet sich darunter zu meiner Verblüffung ein Brief von einem Gerold Landmann. Die Ereignisse der letzten Wochen waren für mein Leben dermaßen einschneidend, dass es einen Moment dauert, bis ich den Mann, der zu diesem Namen gehört, zuordnen kann. Gerold, der Mensch, der kein Mann für eine Nacht sein will, schmunzle ich vor mich hin.

Gerold schickt Grüße aus der Seestadt und schreibt, er habe sich wie ein Idiot gefühlt, als er zur vereinbarten Zeit klingelte und sich für ihn keine Tür öffnete. Beleidigt und eingeschnappt habe er sich dann umgedreht und versucht, mich zu vergessen. Dies sei ihm nicht gelungen. Er käme sich jetzt mit diesem Brief wie ein noch größerer Idiot vor, doch er hätte einfach diesen einen Versuch, mich zu erreichen, noch starten müssen. Gerold schreibt weiter, er werde in den nächsten Monaten auf einer Bohrinsel eingesetzt. Die Freizeit an Land sei sehr karg bemessen und würde für einen Abstecher nach Bayern nicht lohnen. Gegen Jahresende sei er zurück und wolle dann noch einmal mit mir Kontakt aufnehmen. „Vielleicht habe ich Glück und stehe dann nicht wieder vor einer verschlossenen Tür."

Freue ich mich über diesen Brief? Ich versuche mir im Laufe des Tages über meine Gefühle klar zu werden. Gerold gefiel mir ganz ohne Zweifel vom ersten Augenblick an. Doch unser Kennenlernen fiel in eine Zeit, in der für Flirts kein Platz war und ist. Denn das habe ich auf alle Fälle aus der Klinik – und vielleicht auch schon aus den Vorgesprächen mit Dr. Konrad – mitgenommen: Wenn ich wirklich etwas in meinem Leben verändern will, kann ich mich nicht wieder in eine neue Abhängigkeit stürzen, sondern muss auf mich und meine Bedürfnisse achten. Und ich verspüre kein Bedürfnis, mein Leben mit einem Mann jetzt zusätzlich zu belasten. Für einen Moment erwäge ich, Gerold von meiner schwierigen Lebenssituation zu schreiben und ihn an meinen Gedanken teilnehmen zu lassen. Doch bei näherer Überlegung komme ich zu dem Schluss, dass unsere kurze Bekanntschaft (es waren schließlich nur Stunden, die wir miteinander verbrachten) nicht tragfähig genug für so einen problembeladenen Brief sei.

Herr Dr. Konrad hält sein Versprechen. Zweimal die Woche kann ich zu ihm kommen und über mich und meine Probleme reden.

Die ersten Sitzungen vergehen mit Erzählungen über meine Lebensgeschichte. Anamnese nennt es Dr. Konrad. Ich bin selbst erstaunt, wie leicht es mir fällt, mit ihm als meinem Gegenüber, mein Leben zu erzählen. Allerdings scheint es über einen Erzählcharakter auch nicht hinauszugehen, und ziemlich unbefriedigt gehe ich nach meiner Stunde nach Hause. Wartet Dr. Konrad darauf, dass ich meine Unzufriedenheit artikuliere? Fast kommt es mir so vor. Doch über seine Lippen kommt keine Frage, die in diese Richtung gehen könnte. Überhaupt fällt mir auf, dass Dr. Konrad wenig zum Gespräch beiträgt. So vergeht der erste Monat. Wenn ich nicht über Begebenheiten aus meinem Leben erzähle, jammere ich über meine Schmerzen und über meine Schlaflosigkeit. Wie sauer macht es mich manchmal, wenn in solchen Gesprächssituationen Dr. Konrad gleich bleibend freundlich bleibt und keinerlei Emotionen an den Tag legt. Weder Mitleid noch irgendein anderes Gefühl kann ich in seinem Gesicht entdecken.

Dann kommt der Tag, an dem ich meinen Zorn nicht mehr kontrollieren kann und er aus mir herausbricht. Mit stoischer Ruhe nimmt es Dr. Konrad hin, was ich ihm an den Kopf knalle. Dass er genauso wenig Mitgefühl besitzt, wie meine Mutter. Dass er sich einen Scheißdreck darum kümmert, wie es mir geht – genau wie mein Vater. Außer mir vor Wut sitze ich vor ihm und kann mich gerade noch zurückhalten, ihn nicht mit Fäusten zu traktieren. In mir ist ein unbändiger Wunsch, ihn zu schütteln, ihm seine ruhige Maske vom Gesicht zu reißen. Ich schreie ihn an: „Sie sind ein ganz gefühlsloser Mensch, dem es ganz egal ist, was aus mir wird. Wenn ich in der Gosse lande, werden Sie auch nur mit den Achseln zucken und ‚schade' murmeln." Noch viel mehr muss er sich anhören und im Nachhinein muss ich mich wundern, wie gelassen er sich dabei verhielt. Mir hätte niemand solche Sachen ungestraft sagen dürfen, davon bin ich überzeugt. Ich hätte mich stumpf umgedreht und wäre gegangen. Nicht so Dr. Konrad. Er wartet geduldig, bis ich mich beruhige.

Erschöpft beende ich nach einiger Zeit meinen Monolog. Jetzt ist keine Wut mehr in mir. Nur noch Leere und das Gefühl der Scham über mein hysterisches Verhalten. Dr. Konrad geht mit keiner Silbe auf meinen Ausbruch ein, sondern beendet die Sitzung mit einem freundlichen Händedruck.

Klein und mies fühle ich mich die nächsten zwei Tage. Wie peinlich, denke ich, da kannst du dich doch nie wieder sehen lassen. Der Mann muss ja von dir denken, du hast nicht mehr alle Tassen im Schrank. Wie kriege ich am besten hin, die Therapie bei ihm zu beenden. Denn, dass ich mich bei ihm nie wieder sehen lasse, ist für mich sonnenklar.

Feigling, sagt darauf eine Stimme in mir. Willst du wieder flüchten und nicht zu deinen Worten stehen? Wie immer in deinem Leben? Die gleiche Stimme fragt weiter, wie wäre es denn, wenn du mal die Verantwortung für dein Handeln übernimmst?

An diesem Punkt wird der Druck in mir so groß, dass ich alles dafür geben würde, die Stimme nicht mehr zu hören. Hätte ich jetzt Tabletten, die mir dabei helfen würden, nähme ich sie. Hätte ich Alkohol im Haus, würde ich ihn jetzt in mich hineinschütten. Doch keine der beiden Entlastungsmöglichkeiten stehen mir jetzt, mitten in der Nacht, zur Verfügung.

Wie soll ich bloß über die Nacht kommen. Wie ein Tiger streife ich durch die Wohnung, von einer Ecke in die andere. Kalt ist mir. Einsam bin ich. Es kommt mir vor, als sei ich in diesem Augenblick der einzige Mensch auf Gottes Erdboden. Wenn ich mir jetzt etwas antue, wird kein Mensch mich vermissen, denke ich in diesem Moment. Kein Gedanke ist in mir, wie sehr Heiner leiden würde, Laura sich grämen würde.

Ich weiß in meinem tiefsten Innern, ich will leben! Die Frage ist nur, wie kann ich den tiefen unbestimmten Schmerz in mir weiter ertragen.

Kaum habe ich den Gedanken zu Ende gedacht, da fällt mir eine Entlastungsmöglichkeit aus meinem alten Leben ein. Das Kartoffelschälmesser, hämmert es in meinem Kopf. Bevor ich mich besinne, halte ich es an mein linkes Handgelenk und schneide drauflos. Langsam, vorsichtig, fast genüsslich füge ich mir Wunden zu. Peinlich genau darauf bedacht, nicht zu tief zu schneiden; mich nicht zu töten, sondern lediglich zu verletzen.

Entspannung durchzieht meinen Körper bei Erscheinen des ersten Blutstropfens. Ich mache mir nicht einmal mehr die Mühe des Verbindens, sondern torkele ins Bett, um sofort einzuschlafen.

Nachmittags ist Therapie. Der Widerstreit in mir hält nach wie vor an. Gehe ich hin? Dann muss ich mir vielleicht Vorhaltungen anhören. Gehe ich nicht hin, vertue ich vielleicht meine letzte Chance, etwas in meinem Leben zu verändern. Denn darüber bin ich mir spätestens in der Klinik klar geworden: es bedarf nur noch eines kleinen Schrittes bis zum Abgrund.

Mehr aus Gewohnheit denn aus Überzeugung mache ich mich nachmittags gegen 15 Uhr auf den Weg. Meine Beine schlagen fast automatisch den Weg zur Bushaltestelle ein. Noch immer stehe ich nicht dahinter, die Sitzung einzuhalten. Ich kann ja erst einmal losfahren, sage ich mir, und kann mir dann immer noch überlegen, ob ich sie in Anspruch nehme oder nicht. Na, wunderbar, du strotzt ja heute wieder einmal vor Entschlusskraft, bemängelt mein kritisches Ich.

***

Die Sitzung beginnt pünktlich um 16 Uhr. Verschämt betrachte ich meine Schuhspitzen. Es ist mir heute nicht möglich, Dr. Konrad in die Augen zu sehen. Ein langes Schweigen leitet die Sitzung ein. Die Spannung, die sich in meinem Körper aufbaut, vergrößert sich von Minute zu Minute. Je mehr Zeit verrinnt, umso schwerer wird der Anfang.

Dr. Konrad nimmt diesmal, entgegen seiner sonstigen Gewohnheit, das Gespräch auf. Vor Dankbarkeit, aus diesem Schweigen erlöst zu werden, könnte ich ihn umarmen.

In dieser Sitzung kommt vieles auf den Tisch, was längst überfällig ist. Unter anderem meine Unzufriedenheit, mit der ich größtenteils seine Praxis verließ. Nicht gerade sanft geht er heute mit mir um. Es reiche nicht aus, pünktlich zur Therapie zu erscheinen, wenn keine Bereitschaft besteht, sich auf sich selbst und damit auf die Konflikte, die im Inneren schwelen, einzulassen. „Es gibt Leute, die sitzen zwei Jahre auf einem Fahrrad und verbrauchen keine einzige Kalorie", verdeutlicht er mir.

Wie gerne würde ich jetzt die Wut vom letzten Mal in mir verspüren. Doch kein Fünkchen Zorn scheint im Moment in mir vorhanden zu sein. Nur große Nachdenklichkeit breitet sich in mir aus. Es stimmt ja, ich bin pünktlich zur vereinbarten Stunde gekommen, habe ein bisschen über mich erzählt und dann, wenn es ans Eingemachte ging, sofort einen Rückzieher gemacht.

Laura hat mir in der vorletzten Woche, als ich ihr von meiner Therapiestunde erzählte, etwas Ähnliches vorgehalten. Sie meinte, ich handele nach dem Motto: „Wasch mich, aber mach mich nicht nass."

Angst steigt bei meinen Überlegungen in mir hoch. Ich spüre, jetzt bin ich an einem Punkt angekommen, an dem ich für mich entscheiden muss, in welche Richtung ich kippen werde. Wenn ich in meiner Entwicklung weiterkommen will, ist jetzt Ehrlichkeit angesagt. Sonst ist jede weitere Minute, die ich hier sitze, Zeitverschwendung.
Genau diese Gedanken teile ich Dr. Konrad mit. Er bittet mich, bis zur nächsten Sitzung eine Entscheidung zu treffen.

Die heutige Stunde verlasse ich ungemein zufrieden, obwohl ich mir zunächst nicht erklären kann, was Großes passiert sein soll. Doch irgendwas war heute anders als sonst. Am späten Abend geht mir ein Licht auf: ich habe mich erstmals zu meinem Zwiespalt bekannt und mir auch gestattet, diese Gedanken vor einer anderen Person auszubreiten.

Jetzt, wo das Eis gebrochen ist, kann ich mich von Mal zu Mal mehr auf die Therapie einlassen. Und auch Dr. Konrad hat sich verändert. Je mehr ich eigene Gedanken einbringe, umso mehr geht er darauf ein. Ich fühle mich jetzt rundherum angenommen. Wenn jetzt Schweigen entsteht, ist es kein bedrohliches, sondern ein verbindendes.

***

Zurzeit leide ich wieder einmal sehr unter dem Tod von Rüdiger. Laura versucht ihr Bestes, mich aufzuheitern. Doch die Schuldgefühle haben sich in meinem Kopf eingenistet und scheinen sich dort außerordentlich wohl zu fühlen. Worin genau meine Schuld liegen soll, kann ich selbst nicht erklären. Ich könnte nicht sagen, dieses oder jenes habe ich falsch gemacht. Es ist nur so ein unbestimmtes Gefühl, etwas versäumt und damit Rüdigers Tod verschuldet zu haben.

In der Therapie lerne ich, auch über diese Gefühle zu sprechen. Als zutage kommt, wie sehr ich Rüdiger zeitweise den Tod an den Hals gewünscht habe, verstärkt sich in mir das Gefühl, eine Sünde begangen zu haben. Ich warte förmlich auf eine Strafe. Als ich kurze Zeit später wieder die alten Schmerzen verspüre, bin ich sofort bereit zu glauben, dies sei nun meine gerechte Strafe.

Von Dr. Konrad erfahre ich, dass es keineswegs unüblich ist, dass der Überlebende sich mit Schuldgefühlen herumplagt. Über Tote darf man nichts Schlechtes sagen. Mit dieser Regel im Kopf laufen wir herum und merken gar nicht, wie sehr wir unsere wirklichen Gefühle damit einmauern. Mich durchzuckt es bei diesen Worten wie von einem Blitz getroffen. Mir wird schummerig vor Augen. Wie Recht er hat. Wenn ich bisher an Rüdiger dachte, zwang ich mich, nur gut an ihn zu denken. Jetzt spüre ich, da ist noch mehr.

Ein ganzes Bündel Wut sitzt in meinem Bauch und wartet darauf, aufgeschnürt zu werden. Alle schlechten Erfahrungen, die ich mit Rüdiger reichlich erlebte, sind mir auf einmal präsent. Seine Schläge scheine ich förmlich zu spüren. In mir wächst das Bedürfnis, schützend die Arme vor mein Gesicht zu halten. Der Verlust des Kindes trifft mich noch einmal mit Macht. Ich schluchze leise auf. Es ist doch so lange her, warum schmerzt es mich immer noch so? Der Rest der Stunde gilt der Zeit, die ich mit Rüdiger verbracht habe. Der ganze Hass, den ich zeitweise für ihn aufbrachte, ist wieder da.

Als ich die Praxis verlasse, habe ich das Gefühl, der Hass in mir ist so groß, dass ich ihn nie wieder loswerde. Soll ich jetzt so voller Wut die nächsten Jahre herumlaufen? Was soll das bringen?

Erstaunt beobachte ich in den nächsten Tagen, wie meine Schmerzen ihre Intensität verlieren. Auch die Abstände, in denen sie auftreten, vergrößern sich. Dr. Konrad wundert das keineswegs. Ich hätte die ganze Wut, die in mir schlummerte und eigentlich Rüdiger galt, auf mich selbst gerichtet. Jetzt wäre sie endlich an die richtige Adresse gekommen.

***

Seit einem Jahr befinde ich mich jetzt in Therapie. Oder anders gesagt, in meinem neuen Leben. Vieles ist mir in der Zwischenzeit klar geworden. Langsam verringert sich auch die Last, die ich auf meinen Schultern spüre. Hin und wieder kommt sogar schon mal ein kleines Glücksgefühl zum Vorschein. Meine Umwelt habe ich sträflich vernachlässigt. So auch Laura, mit der mich nach wie vor eine wunderbare Freundschaft verbindet. Wir sehen uns nicht oft, doch wenn wir zusammentreffen, ist die alte Vertrauensbasis sofort wieder da.

Lange Zeit lebte Laura alleine. Ein kleiner beständiger Freundeskreis umgab sie, und ich war überzeugt davon, dies sei das Leben, was Laura sich wünscht und mit dem sie zufrieden ist. Umso überraschter bin ich, als sie mir verkündet, sie habe mittlerweile eine gute Beziehung zu einem Arbeitskollegen aufgebaut und wolle jetzt ihr Glück mit ihm in einer gemeinsamen Wohnung versuchen. Zwei Jahre probieren die beiden bereits, eine gute Beziehung hinzubekommen. Ich bin sprachlos und nachdenklich. Immer hatte Laura für mich und meine Probleme ein offenes Ohr. Wie eine Selbstverständlichkeit habe ich das hingenommen. Fragen nach dem Wohlbefinden kamen nur von Laura. Niemals habe ich mich auch nur erkundigt, wie es ihr in den vergangenen Jahren ging. Scham steigt in mir auf. Ganz fest nehme ich mir vor, in Zukunft nicht nur auf mich und mein Wohlbefinden zu sehen, sondern auch einen Blick auf die Sorgen und Nöte anderer zu werfen.

Dr. Konrads Augen leuchten auf, als ich ihm von meinem Vorsatz berichte.

***

Seit zehn Minuten knabbere ich an meinem Stift. Die Aufgabe, die mir von Dr. Konrad gestellt wurde, scheint mir fast nicht lösbar. Wir haben eine vierzehntägige therapeutische Pause vereinbart, in der ich mir die Zeit nehmen soll, einen Brief zu schreiben.

Nichts leichter als das, waren meine Gedanken, als ich die Aufgabe gestellt bekam. Mir wurde ganz mulmig in der Magengegend, als ich hörte, an wen der Brief gerichtet werden sollte. „Schreiben Sie bitte einen Brief an das Kind in Ihnen.“ Wumm, das hatte gesessen. Ich bestürmte Dr. Konrad mit Fragen. Wieso an das Kind in mir? Wie soll ich das denn machen? Er wiederholte lächelnd seine an mich übertragene Aufgabe. „Ich möchte gerne, dass Sie mit Ihrer Vergangenheit in Kontakt treten. Vielleicht hilft Ihnen dieser Brief, etwas mehr an sich und an das Kind in Ihnen heranzukommen."

Und jetzt sitze ich hier und kann mich noch nicht einmal für eine Anrede entscheiden. „Hallo, Marita", habe ich mir zuerst ausgedacht und dann wieder verworfen. „Liebe Marita", war mein nächster Gedanke. Auch nicht gut, verwarf ich wieder.

Aller guten Dinge sind drei. Und so beginnt mein Brief an das Kind in mir mit der Anrede „Liebe kleine Marita"

Jetzt wird es mir etwas blümerant. Erinnerungen steigen in mir auf, und ich beginne zu schreiben. Es wird ein langer Brief, was ich nicht für möglich gehalten hätte.

Liebe kleine Marita,

jetzt sitze ich hier und versuche, mich an Dich zu erinnern. Wie war das damals mit Dir und Deinen Vorstellungen vom Leben? Haben sich Deine Wünsche und Träume erfüllt? Wenn ich mir heute so mein Leben ansehe, kann ich das gar nicht glauben. Wie sehr hast Du Dich nach einem Menschen gesehnt, der Dich uneingeschränkt liebt und für den Du der allerwichtigste Mensch auf der Welt bist. So einen Menschen, der mit Dir durch dick und dünn geht, hast Du Dir von Herzen gewünscht. Was habe ich falsch gemacht, liebe kleine Marita, dass sich dieser Wunsch nicht erfüllte? Habe ich nicht genug an ein Glück geglaubt? Habe ich den falschen Menschen vertraut? Ich habe bis heute keine Antworten auf diese Fragen gefunden.

Liebe kleine Marita, erinnerst Du Dich noch, wie eifersüchtig Du auf Deinen kleinen Bruder Heiner warst? Heute ist er ein wichtiger Mensch in meinem Leben, doch damals hast Du Dich von aller Welt verlassen gefühlt. Keiner hat Deinen Schmerz erkannt, kleine Marita. Du warst doch selbst noch so klein und brauchtest die Liebe Deiner Eltern.

Wie solltest Du verstehen, dass Dein Platz bei ihnen nun geteilt werden musste. Ganz bockig bist Du geworden, damit Du auch ganz bestimmt nicht übersehen wurdest, bei der starken Konkurrenz von Heiner.

Kind in mir, ich möchte Dich jetzt so gerne in meine Arme schließen, so wie Du es Dir oftmals von anderen gewünscht hast. Mutter war so eine Person, von der Du gerne in den Arm genommen worden wärst. Eine Zeit lang hast Du auch gehofft, Vater würde Dich und Deinen Zorn verstehen und Dich liebevoll in seine Arme schließen. Doch die meiste Zeit hast Du darauf vergeblich gewartet.

Liebe kleine Marita, es gab aber auch Menschen, die Dir sehr wichtig waren und die Deine Liebe erwiderten. Deine Freundin Erika, die Du so früh abgeben musstest, weil Gott sie bei sich haben wollte, war so ein Mensch. Noch heute, kleine Marita, könnte ich, die große Marita, vor Schmerzen aufschreien, wenn ich an diesen Verlust denke.

Tante Hanne hat Dich sehr lieb gehabt, kleine Marita. Sie hat es fertig gebracht, dass Dein Zorn hin und wieder weichen konnte und Du über einen langen Zeitraum einen Menschen hattest, dem Du Dich bedingungslos anvertrauen konntest.

Kleines, irgendwo habe ich Dich auf meinem langen Weg ins Heute verloren und damit auch meine Wünsche, meine Träume und vor allem den Glauben an mich selbst und an meine Fähigkeiten. Was meinst Du, kleine Marita, können wir uns wiederfinden? Ich spüre beim Schreiben dieses Briefes, wie sehr ich Dich brauche. Ohne das Kind in mir bin ich nur ein halber Mensch. In der letzten Zeit habe ich sehr mit mir und meiner Kindheit gehadert. Jetzt aber glaube ich, da gab es noch mehr als nur Schlechtes, kleine Marita. Da gibt es auch schöne Dinge, die ich gar nicht mehr in meinen Gedanken zugelassen habe. Gibt es nicht vieles, was sich lohnt, aus der Kindheit ins Jetzt gerettet zu werden? Ich glaube, es lohnt sich, hiernach auf die Suche zu gehen.

Mit einer liebevollen Umarmung, liebe kleine Marita, verabschiede ich mich für heute von Dir. Ich weiß jetzt, dass ich alles tun werde, um den Kontakt zwischen uns nie wieder abreißen zu lassen. Und sollte ich doch einmal wieder nicht achtsam genug mit unserer Beziehung umgehen, so darfst Du Dich ruhig in Erinnerung bringen. Pieke mich notfalls mit Schmerzen, die mir deutlich zeigen, wie unachtsam ich war. Ich brauche Dich!
Deine große und sehr nachdenkliche
Marita.

***

Die restlichen Tage in unserer vereinbarten Therapiepause verbringe ich voller Ungeduld. Dr. Konrad überlässt mir die Entscheidung, ob ich den Brief zu Hause behalten oder mit in die Praxis bringen will. Mein Wort, die Aufgabe erledigt zu haben, genügt ihm. Es ist ein schönes Gefühl einen Menschen zu kennen, der einem uneingeschränkt glaubt. Dieses Vertrauen, das er in mich setzt, führt dazu, dass ich den Brief nicht nur mit in die Sitzung nehme, sondern ihn auch noch vorlese.

Allerdings müsste ich eher sagen, ich versuche ihn vorzulesen. Bereits nach einigen Sätzen fange ich fürchterlich zu schluchzen an. Mein alter Kindheitsschmerz, jahrelange Begleitung, holt mich ein. Ganz frisch ist er; nicht so, als ob Jahrzehnte dazwischen lägen. Tiefer Druck löst sich in meinem Inneren. Die Welt um mich herum ist vergessen. Weder Zeit noch Raum existieren in diesem Moment für mich.

Eine Hand liegt auf meiner Schulter. Die Berührung ist

angenehm und gibt mir Kraft. Ich höre die sanfte Stimme Dr. Konrads mich fragen: „Marita, wie alt sind Sie jetzt?“ Ohne Nachdenken kommt meine Antwort, wie aus der Pistole geschossen: „Vier.“ Und erneut beginne ich zu schluchzen. Doch jetzt ist etwas anders geworden. Ich spüre zwar wieder den Schmerz der Kindertage. Mutters abweisende Haltung mir gegenüber, Vaters Nichtverstehen meiner Handlungen; die Eifersucht auf den kleinen Heiner. Aber diesmal bin ich nicht allein. Ein Mensch an meiner Seite zeigt mit leichter Berührung meiner Schulter, ich bin hier. Ich höre dir zu und habe Verständnis für dich.

Dr. Konrad reicht mir ein Taschentuch. Meines ist zum Auswringen. Ich mag gar nicht hochsehen. Ich muss furchtbar aussehen. Unter nochmaligem Schniefen sage ich es ihm, und er erwidert, „ich mag Sie auch verrotzt und verschnoddert.“ Tiefe Ruhe, wie ich sie noch niemals vorher verspürte, breitet sich in mir aus.

Es fehlen noch einige Minuten bis zum Sitzungsende. Wir verbringen sie schweigend.

Die innere Ruhe, die ich aus der letzten Sitzung mit hinaus nahm, bleibt mir in den nächsten Tagen auch weiter erhalten. Dieser Zustand bringt es mit sich, dass ich Gedanken und Erinnerungen zulassen kann, die ich bisher verdrängen musste. Zurückblickend sehe ich, wie aus der zornigen Marita, die sich Zuwendung notfalls über negatives Auffallen holte, irgendwann ein angepasstes Mädchen wurde, das sich nicht mehr traute, Zorn zu zeigen. Ich begriff, dass ich mir jahrelang als Kind die Schuld für Mutter und Vaters Trennung gegeben hatte. War ich damals nicht artig genug gewesen? Hatte mein Zorn dazu geführt, dass Vater wegging? Die Gedanken der fünfjährigen Marita stehen wieder vor meinem geistigen Auge. Ausgesprochen habe ich sie damals nie. Mich nicht einmal getraut, daran zu denken. Jetzt kann ich diese Gedanken an mich herankommen lassen, überprüfen und dann ein für allemal weglegen.

Nein! Ganz bestimmt war ich nicht die Schuldige an der Scheidung der Eltern. Mir wird im Gegenteil ganz deutlich, wie sehr die Erwachsenen damals versagten. Keiner fing mich auf und fragte, Marita wie geht es dir damit? Wie geht es dir mit dem Umzug und dem Verlust deiner Freunde? Keiner hat mir erklärt, dass auch dann, wenn Eltern sich trennen, sie sich nur voneinander scheiden lassen, nicht jedoch von den Kindern.

Zum ersten Mal seit langem verspüre ich den Wunsch in mir, Dinge zu klären. Ich nehme mir vor, mit Mutter ein ausführliches Gespräch zu führen und sie mit Fragen zu bombardieren. Auch Vater will ich aufsuchen und ihn fragen, warum er sich nicht mehr um mich gekümmert hat.

Dr. Konrad findet meinen Entschluss, Klarheit in mein Leben zu bringen, lobenswert. Er rät mir jedoch ab, ungeschützt in Situationen hineinzugehen. „Marita, als ich 20 Jahre alt war, bin ich mit meinen Freunden in jedes Wasser gesprungen, das wir sahen. Das ist das Vorrecht der Jugend. Wenn ich heute Wasser sehe, sondiere ich erst einmal das Gelände nach Untiefen und Schlingpflanzen. Außerdem will ich wissen, ob es alte Konservendosen gibt, an denen ich mich schneiden kann. Dieses und vieles andere mehr kläre ich ab, bevor ich ins Wasser springe."

Damit ich nicht einfach „Kleinholz mache" (Zitat Dr. Konrad), schlägt er Rollenspiele vor, in denen ich über meine Gefühle den Eltern gegenüber Klarheit gewinnen kann. Zusätzlich gibt es für mich den Effekt, ich kann im Rollenspiel ausprobieren, wovor ich mich schützen muss.

Mein erstes Gespräch in dieser Form richtet sich an Mutter. Ein bisschen albern komme ich mir schon vor, doch wie immer, wenn ich etwas Neues in der Therapie ausprobiere, versteht es Dr. Konrad, mir rasch die Hemmungen zu nehmen.

Mir gegenüber wird ein Stuhl hingestellt, und ich soll mir vorstellen, auf ihm säße meine Mutter. Dr. Konrad zieht sich taktvoll in die hinterste Ecke des Raumes zurück.

Mir erscheint die Aufgabe leicht, und ich beginne zu meiner Mutter zu sprechen. Von meinen Einsichten, die ich in der Therapie gewinne. Von meinem Ärger über sie und Vater. Es geht mir gut dabei, und ich wage mich noch ein Stück vor. Jetzt rede ich von meinen Bedürfnissen, die zum großen Teil unerfüllt geblieben sind. Von der Sehnsucht, von ihr verstanden zu werden. Von der Hoffnung, ich möge wichtig für sie sein. Und von meiner Traurigkeit, dass es uns beiden nicht gelang, einander näher zu kommen.

Schon ist es mit meiner Ruhe vorbei. Ich schlucke kräftig in der Hoffnung, die Tränen, die mir in die Augen schießen, zurückhalten zu können. Doch dazu ist es bereits zu spät. Ich habe mich bereits zu sehr auf die Situation eingelassen und fühle mich hilflos der Situation ausgeliefert. Ich kenne diese Hilflosigkeit, diese Ohnmacht, um Dinge zu wissen und sie dennoch nicht ändern zu können. Als Kind den Erwachsenen hilflos ausgeliefert zu sein.

Dr. Konrad greift nach einiger Zeit ein. Er zeigt Verständnis für meine Gefühle, die alt und verdrängt bis zum heutigen Tag in mir schlummerten. Er steuert gleichzeitig auch gegen, indem er mir vor Augen hält, jetzt wäre ich aber eine erwachsene Frau. **Und wozu benötigt eine 32-jährige Frau eine Mutter?**

Bei seinen Worten wird mir ganz seltsam zumute. Meine Bauchdecke spannt sich und schmerzt. Wie kann er so etwas sagen! Jeder Mensch braucht doch eine Mutter! Ziemlich verärgert gehe ich nach Hause.

Ich spreche mit Laura über die heutige Sitzung. Sie überlegt lange, bevor sie sich äußert. „Ich glaube, ihr habt beide Recht, Marita. Gefühlsmäßig können wir uns sehr schwer von der Mutter trennen. Irgendwie können Mütter sich auch sehr geschickt in unserem Leben unentbehrlich machen. Selbst wenn sie uns viel antun, fühlen wir uns verpflichtet, sie zu lieben und zu ehren, wie es in der Bibel verlangt wird. Ich glaube aber, Dr. Konrad wollte dir ganz etwas anderes sagen. Als Kind sind wir alle physisch und psychisch von den Eltern, speziell von der Mutter, abhängig. Jetzt, als erwachsene Frau, musst du dein Leben selbst in die Hand nehmen. Das bedeutet, du bist einzig und allein für dein Leben verantwortlich und kannst dich nicht mehr herausreden, deine Eltern seien schuld. Deswegen kannst du deine Mutter weiterhin gern haben. Vielleicht könnt ihr in einer gleichberechtigten Konstellation viel besser miteinander umgehen. Solange du noch das kleine Mädchen bleibst, das im Leben nicht zurechtkommt, wird deine Mutter dich sicherlich nicht dicht an sich herankommen lassen. Alleine schon aus Angst, Vorwürfe von dir zu bekommen."

Ja, Laura, ich spüre, du hast Recht. Aber ich habe so viel Angst in mir, wenn es darum geht, Verantwortung zu tragen. Ich kann mir einfach nicht vorstellen, eigenverantwortlich zu sein. Ich traue mir nicht viel zu, mein Selbstbewusstsein ist gleich Null. Doch wahrscheinlich habe ich mich schon so weit aus dem Fenster gebeugt, dass ich gar nicht mehr zurück kann. Die alten Verhaltensweisen bringen mich nicht weiter, das habe ich in den vergangenen Jahren gemerkt. Doch das Neue, selbst wenn es besser sein sollte, ist fremd, und ich habe eine Heidenangst davor.

Dr. Konrad fällt mir ein. „Stück für Stück", würde er jetzt sagen. Ich solle nicht so viele Flaschen auf einmal entkorken. Es ist nicht das erste Mal, dass von ihm eine Anspielung auf Alkohol kommt. Wir haben bereits darüber gesprochen, dass es zu meinem Leben passte, an einen Alkoholiker geraten zu sein; oder, wie Dr. Konrad sagt: Alkohol*abhängigen*. Seine Theorie bereitet mir Unbehagen. Denn wenn sie stimmt, hatte Rüdigers Alkoholkonsum auch etwas mit mir zu tun. Dr. Konrad bezeichnet mich als co-abhängig. Er erklärte mir, ich selbst hätte eine Suchtstruktur, würde sie jedoch von einer anderen Person ausleben lassen.

Nun könnte mir ja nach Rüdigers Tod ziemlich egal sein, welcher Art die Beziehung war, in der wir lebten. Doch die Aussichten, die Dr. Konrad mir aufzeigt, lassen mich erschrecken. Demnach wäre damit zu rechnen, dass auch in einer neuen Beziehung sich eine ähnliche Konstellation wiederfinden könnte. So dass sich letztendlich nur der Name des Partners ändern würde, ansonsten sich alles so wie in meiner Ehe wiederholen würde.

Dr. Konrad spürt meine Betroffenheit. Was er sagt, lässt mich resignieren. Wozu dann das alles hier? Er versucht mir Mut zuzusprechen. „Marita, Sie haben in dem letzten Jahr hart an sich gearbeitet. Wenn Sie sich verändern, und ich sehe sehr viele positive Veränderungen bei Ihnen, werden sich auch die Signale ändern, die Sie aussenden. Sie fühlten sich in Ihrer Kindheit vom Vater verlassen. Auch Ihre Mutter wandte sich von Ihnen ab – und verließ Sie damit. Dann hatten Sie ein einschneidendes Erlebnis durch den Tod Ihrer Freundin Erika. Auch sie hat Sie verlassen. Ein siebenjähriges Kind, wie Sie es damals waren, unterscheidet nicht, ob Erika die Wahl hatte, bei Ihnen zu bleiben oder nicht. Für Sie zählte nur das alte Gefühl des Verlassenwerdens. Ihre Beziehung zu Jeff endete damit, dass Jeff sich von Ihnen abwandte. Er verließ Sie. Ihr ohnehin angeknackstes Selbstwertgefühl bekam Nahrung. Sie waren es nicht wert geliebt zu werden. Alle Menschen, die Sie kennen lernten, mussten Sie früher oder später verlassen, weil se kein Mensch waren, bei dem es sich lohnt, zu bleiben. So jedenfalls haben Sie sich selbst eingeschätzt. Zwangsläufig haben Sie dann alles getan, um den alten Zustand, der Ihnen nur zu gut bekannt war, immer wieder herzustellen. Sie hatten also allen Grund, an einen Mann wie Rüdiger zu geraten. Er passte genau in Ihr Schema. Er hat Sie schlecht behandelt und somit Ihren Unwert bestätigt. Auch er hat Sie verlassen und somit wurde Ihnen wieder einmal bestätigt, dass Sie keinen Menschen halten können.

Das ist Ihre größte Lebenslüge, die Sie immer noch begleitet. Ich bin überzeugt, Sie können sehr wohl wertvolle Beziehungen aufbauen. Zu Menschen, die Sie nicht verlassen. Ich habe Sie in den vergangenen Monaten als einen Menschen kennen gelernt, der sein Licht unter den Scheffel stellt. Sie sind eine intelligente, hübsche junge Frau. Wenn Sie zwei grundlegende Dinge berücksichtigen würden, könnten wir Ihre Therapie schnell beenden."

Das war starker Tobak. Ich versuche das Gehörte zu verdauen. Neugier steigt in mir auf: „Welche Dinge sind das, die ich berücksichtigen sollte?"

Dr. Konrad schmunzelt. „Ist es mir gelungen, Sie neugierig zu machen? Schön, dann setzen se sich bitte an den Schreibtisch dort drüben." Er weist auf einen kleinen Tisch vor dem Fenster des Raumes. „Nehmen Sie sich bitte eines der Blätter und schreiben Sie, so groß Sie wollen, folgenden Text.

„Ich bin nicht dazu da, die Erwartungen der anderen zu erfüllen!"

Was soll das denn? frage ich mich.
Schon gibt Dr. Konrad eine neue Anweisung.
„Drehen Sie bitte Ihr Blatt um und schreiben Sie auf die Rückseite:

Ich lasse mich nicht einschüchtern!"

Ich komme gar nicht dazu, zu fragen, was das Ganze soll, denn Dr. Konrad bittet mich, den geschriebenen Zettel klein zu falten und für die nächste Zeit immer mit mir herumzutragen. In der Rock- oder Hosentasche. In der Handtasche. Unter meinem Kopfkissen. Weiter soll ich nichts damit tun.

„Ich möchte, dass dieser Leitsatz Sie in den nächsten Wochen begleitet.“

Ganz verdattert verabschiede ich mich.

***

Ein weiteres Rollenspiel ist angesagt. Vater sitzt jetzt in meiner Vorstellung in dem mir gegenüber aufgestellten Stuhl. Vorwürfe habe ich im Moment keine für ihn – aber dafür jede Menge Fragen.

„Gut“, sagt Dr. Konrad, „dann fragen Sie.“ So’n Quatsch, denke ich für mich, was soll das schon bringen. Vater sitzt mir doch nicht wirklich gegenüber. Er kann mir doch keine Antworten geben.

Seufzend beginne ich meine Fragen an Vater zu stellen. Etwas halbherzig bin ich dabei. Natürlich bekomme ich keine Antworten. Hab ich doch gleich gewusst.

Dr. Konrad bittet mich, jetzt auf dem Stuhl des Vaters Platz zu nehmen. O.k., warum nicht.

„Marita, wie fühlen Sie sich jetzt auf diesem Stuhl?“

Wie soll ich mich schon fühlen. Auch nicht anders als vorher, würde ich gerne antworten. Doch halt, stimmt das überhaupt?

Ich horche in mich hinein. Auf diesem Stuhl fühle ich mich ängstlicher als auf dem vorherigen. Unruhe steigt in mir auf. Ich fühle einen starken Zwiespalt. Ging es Vater auch so, schießt es mir durch den Kopf?

Eine halbe Stunde lang pendle ich zwischen beiden Stühlen hin und her. Mal spiele ich mich, dann sitze ich auf meinem gewohnten Stuhl. Mal setze ich mich auf den Stuhl, der Vater zugedacht wurde. Je nachdem, für wen ich spreche. Und zu meinem großen Erstaunen bekomme ich auf diese Weise Antworten, was ich vorher nie für möglich gehalten hätte. Es gelingt mir, in diesem Rollenspiel Klarheit zu bekommen über Vaters Weggang. Ich spüre mit einer Deutlichkeit wie nie vorher, Vaters Weggang hat nichts mit mir zu tun. Im Gegenteil, ich weiß jetzt, dass auch er sich sehr schwer getan hat, sich von mir zu trennen.

Befreit eile ich nach Hause. Die nächsten zwei Wochen werde ich Dr. Konrad nicht sehen. Es gibt etwas, das muss ich erledigen. Und es duldet keinen Aufschub: ich werde Vaters Anschrift ausfindig machen und ihn besuchen.

„Was ist, wenn er gar nicht mehr lebt?" fragt eine innere Stimme. Vielleicht hat er dich auch schon längst ganz verlassen und lebt nicht mehr?

Ich denke an Dr. Konrads Worte als wir über meine Verlassenheitsgefühle sprachen. Ich hielt ihm vor, kein Mensch, auch er nicht, könne wissen, ob ich nicht doch wieder in Zukunft Beziehungen haben werde, die durch Tod enden. Knallhart kommt seine Antwort: es gäbe keine Garantie, dass für mich wichtige Beziehungen nicht durch Tod enden. Damit müsse ich leben, so wie jeder andere Mensch, sich selbst eingeschlossen, auch. Wichtig sei, dass ich nicht von vornherein negativ denke. Denn warum solle gerade mir in dieser Hinsicht mehr aufgebürdet werden als anderen Menschen? Wenn mir diese negative Sichtweise in den Sinn komme, solle ich mich genau das fragen.

Also, warum soll mein Vater nicht mehr leben? Er ist noch nicht einmal 60 Jahre alt, rechne ich nach. Die Chancen, dass er noch am Leben ist, stehen gut.

Ich habe Glück. Vater hat sich ordnungsgemäß in Hamburg abgemeldet und wohnt jetzt in Winsen an der Luhe.

Ich warte keine Sekunde länger als ich die Anschrift in den Händen halte und besorge mir umgehend über die Auskunft seine Telefonnummer. Und wieder habe ich Glück. Gleich beim ersten Versuch, bereits nach zweimaligem Läuten, nimmt Vater selbst den Hörer ab.

„Leist“, höre ich eine müde Stimme. Ich bin erschüttert. Hätte ich mir bloß zurechtgelegt, was ich sagen will. Mit heiserer Stimme antworte ich: „Hier spricht deine Tochter Marita.“

Stille.

„Vater, bist du noch da?“

„Marita, Kind, wo bist du? Wie geht es dir?“ Seine Aufregung ist nicht zu überhören. In diesem Moment weiß ich, meine Entscheidung, zu ihm Kontakt aufzunehmen, war richtig.

Es wird ein kurzes Gespräch. Sehr schnell sind wir uns einig, dass wir beide dasselbe Bedürfnis verspüren: wir wollen uns so sofort sehen.

Ich verkneife mir jede vorwurfsvolle Bemerkung, die in Richtung „warum hast du dann nicht eher Kontakt gesucht?“ geht. Wir verabreden, uns so schnell wie möglich zu treffen. Ich werde Laura bitten, mich am kommenden Wochenende zu Vater zu fahren. Sie hat mir ausdrücklich ihre Hilfe zugesagt, wenn es darum geht, meine Altlasten aufzuarbeiten. Vaters Frage, „warum kommst du nicht morgen schon mit dem Zug?“, weiche ich aus. Irgendwann werde ich sicher auch einen Zug besteigen, doch alles zu seiner Zeit. Als Vater nochmals nachsetzt, erwidere ich: „Ich will unser Wiedersehen nicht vor allen Leuten auf einem Bahnsteig erleben!“ Damit gibt Vater sich zufrieden.

***

Vater wohnt allein in einer kleinen sauber gehaltenen Zweizimmerwohnung. Ich bin überrascht. Wo ist seine Frau? „Später, Marita, das hat alles Zeit – jetzt will ich dich einfach nur ansehen und staunen, was für eine hübsche attraktive Frau du geworden bist."

Gern würde ich auch Vater etwas Nettes über seinen körperlichen Zustand sagen, doch was ich zu sehen bekomme, erschreckt mich zutiefst. Vor mir sitzt ein gebeugter Mann, älter aussehend als er an Jahren zählt. Sein Haar ist schütter und grau geworden.

Was habe ich erwartet? Den jungen Mann von damals, der trotz seiner Behinderung recht attraktiv aussah und ohne weiteres an jeder Ecke eine Frau finden konnte?

Trotz der Sorge um ihn, muss ich meine Naivität belächeln. Als ich mich suchend nach Laura umdrehe, um sie Vater vorzustellen, hat sie bereits taktvoll die Rückreise angetreten.

Zehn Tage verbringe ich mit Vater. Kein Regenschauer kann uns abhalten, stundenlang auf dem Deich spazieren zu gehen. Wir haben so viel zu erzählen. Keine falsche Scham hält mich zurück, von meinem „alten Leben" zu erzählen.

Vaters Leben war in der Zeit, in der wir uns aus den Augen verloren haben, auch nicht gerade Honigschlecken.

Ulrike, seine zweite Frau, setzte ihn immer mehr unter Druck, nun endlich auch ihrer Glaubensgemeinschaft beizutreten. Die Bibelabende, die vielen Kongresse, an denen sie teilnahm, förderten nicht gerade ein gesundes Eheleben. Zudem wurde immer deutlicher, man erwarte schon von ihr, dass der Ehegatte sich auch bekenne. Dies war Vater nicht möglich. So ging Ulrike vor fünf Jahren von ihm fort. Er habe sie nie wiedergesehen, und bis heute sei sie auch nicht wegen eines Scheidungsbegehrens an ihn herangetreten. Sie habe ihm die erste Zeit sehr gefehlt, doch mittlerweile habe er sich an das Alleinsein gewöhnt.

Nach Winsen habe es ihn verschlagen, weil ein alter Kriegsfreund ihm auf einem Treffen den Mund wässerig machte, mit der schönen Landschaft und der Ruhe, die hier noch zu genießen sei.

Die zehn Tage vergehen wie im Fluge. Gern würde ich noch ein paar Tage länger bleiben. Doch den verabredeten Abfahrtstag kann ich unmöglich, mit Rücksicht auf Lauras Dienstplan, umwerfen. Es ist so schon ein großer Freundschaftsbeweis von ihr, die vielen Kilometer für mich auf sich zu nehmen. Vater und ich verabschieden uns mit dem Versprechen, uns bald wiederzusehen. Auf dem Weg nach Hause regt sich ein Gefühl in mir, das ich erst nach längerem In-mich-hineinhören deuten kann. Ich verspüre Wurzeln. Selbst wenn das Gespräch mit Vater unangenehm ausgefallen wäre, hätte es für mich Klarheit bedeutet. Und was ist wichtiger für einen Menschen, als Klarheit über seine Wurzeln zu bekommen?

Diese Gedanken veranlassen mich, wieder einmal über meine Beziehung zu Mutter nachzugrübeln. Auch in Mutter liegen meine Wurzeln. Wenn ich über die Beziehung zwischen Mutter und mir Klarheit bekommen will, wird mir nichts anderes übrig bleiben, als ein Gespräch zu führen, von dem ich denke, dass es sehr unangenehm verlaufen wird.

„Was genau macht es so unangenehm?" fragt Dr. Konrad. Sie ist schwer für mich zu beantworten. Ich versuche, mir die in der Vergangenheit geführten Gespräche mit Mutter ins Gedächtnis zu rufen. Jedes Mal ging es mir schlecht, wenn es sich nicht um Alltagsgeschehnisse handelte, sondern um Gefühle. Und schon ganz unangenehm wurde es, wenn es um Gefühle zwischen Mutter und mir ging.

Mein Magen rebelliert bei dem Gedanken, mich dieser

unerquicklichen Situation zu stellen. Wie wird es mir ergehen, wenn ich wieder einmal von ihr abgewiesen werde? Wie kann ich mich verhalten, wenn ich merke, sie würgt ein Gespräch von vornherein ab? Wenn ich aber alles beim Alten lasse, werde ich nie erfahren, welche Gefühle sie mir entgegenbringt. Wie sie zu mir stand und steht.

Dr. Konrad wirft die Frage auf, wer bei meiner Ankunft auf diesem Planeten jubelte. Ich stelle mir die Situation vor, in der meine Eltern sich bei meiner Ankunft befanden. War ich ein Grund zum Jubeln? Ein Wunschkind? Es fällt mir schwer, es mir einzugestehen, doch aus Gesprächsfetzen, die ich als Kind im Laufe der Jahre mitbekam, konnte ich entnehmen, dass es sich bei meiner Entstehung um einen „Unfall“ handelte. Mein Geburtsdatum und die Hochzeit meiner Eltern sprachen außerdem Bände.

Kein schönes Gefühl, unter diesen Umständen in die Welt hineinzutreten. Heiß beneide ich jeden Menschen, der von sich sagen kann, „ich bin ein Wunschkind – meine Eltern haben mich sehnlichst erwartet“.

Noch ein Licht geht mir heute auf. Wenn ich der Anlass für die Ehe von Mutter und Vater war, so trage ich letztlich eine Riesenschuld mit mir herum. Ohne mich hätte es keine Ehe gegeben, ohne mich auch keine Streitereien, die später zur Scheidung führten. Erschüttert teile ich diese Ansicht Dr. Konrad mit. „In Zukunft werden Sie vermutlich nicht mehr unter diesen Schuldgefühlen leiden müssen. Sie haben etwas aufgedeckt, was Sie jahrzehntelang belastete. Jetzt haben Sie den Gedanken und die damit verbundenen Gefühle zugelassen. Sie haben dadurch die Möglichkeit bekommen, sich mit Ihrer Weiterentwicklung und der Distanz der Jahre alles noch einmal ansehen zu können. Ich bin überzeugt, Sie können Ihre Schuldgefühle dadurch in Luft auflösen.“

Beschwingt verlasse ich die Praxis. Als keiner zu sehen ist, hüpfe ich auf dem Weg zur Bushaltestelle ein paar Mal ganz verstohlen. Irgendwie muss ich die Leichtigkeit, die ich fühle, zum Ausdruck bringen. Ein dicker Brocken, der lange auf meinem Herzen lastete, ist verschwunden.

Überhaupt fällt mir auf, das Gefühl, Belastendes abgeschüttelt zu haben, breitet sich immer häufiger und intensiver in mir aus. Es gibt Situationen, da bin ich ganz am Boden zerstört und denke, der Schmerz hört nie auf, und dann wieder überfällt mich eine Fröhlichkeit und Heiterkeit, die ich sonst gar nicht an mir kenne. Viele Tränen habe ich in den vergangenen eineinhalb Jahren Therapie geweint. „Es sind alte Tränen", meint Dr. Konrad.

Schmerzen habe ich in den letzten Wochen kaum noch. Wenn doch, weiß ich sie jetzt einzuordnen. Immer dann, wenn ich Konflikten mehr oder weniger elegant ausweichen möchte, erwischt es mich. Die ungelöste Problematik einer Situation holt mich dann *schmerzhaft* wieder ein.

„Seien Sie doch froh, Marita, dass Sie überhaupt etwas spüren. Zu mir in die Praxis kommen immer die Gesündesten einer Familie", sagt Dr. Konrad.

Meine Verblüffung kann er wohl an meinem Gesicht ablesen. Will er mich verschaukeln? Die Gesündesten sitzen bei ihm?
„Das müssen Sie mir näher erklären", fordere ich ihn auf.

„Diejenigen, die bereits so krank sind, dass Sie gar nicht merken, dass etwas in ihrem Leben – in ihrer Familie – nicht stimmt, kommen nicht zu mir. Der Gesündere, der spürt, dass irgendetwas nicht in Ordnung ist, kommt. Die Person kann mir vielleicht zunächst nicht genau mitteilen, was nicht stimmt. In der Regel hat sie selbst für sich noch nicht zugelassen, was nicht rund in ihrem Leben ist. Doch durch seine Symptome zeigt sie mir: sieh hin, etwas stimmt nicht, ich spüre das, auch wenn ich es noch nicht sagen kann."

„Aber ich habe doch über Jahre Medikamente eingenommen, um mich und meine Umwelt nicht mehr zu spüren. Am Ende habe ich nach Rüdigers Tod in den Alkohol auch nicht gerade hineingespuckt. Waren das auch Symptome, die mein Gefühl, irgendetwas stimmt nicht, ausdrücken sollten?"

„Ja, Marita, Sie haben ganz Recht. Ihre Medikamenteneinnahme und der Alkoholkonsum waren Ausdruck eines Versuches der Problemlösung."

Heilfroh bin ich an diesem Abend, dass ich jetzt andere Verhaltensweisen entwickelt habe, mit mir und meiner Umwelt zurechtzukommen. Wenn die Versuchung in den ersten Monaten der Therapie oftmals groß war, mich wieder mit einem Suchtmittel zuzudecken, so empfinde ich jetzt regelrechten Ekel davor.

Monate sind vergangen, seit ich mich selbst verletzt habe. Zwischenzeitlich drängte es mich, Dr. Konrad davon zu erzählen. Doch irgendwie passte es nie. Oder ich habe dafür gesorgt, dass es nie passte. Abgesehen von der tiefen Scham, die ich bei dem Gedanken an meine Selbstzerstörung, an meinen Selbsthass, empfinde, verspüre ich in mir auch keine Bereitschaft, darüber überhaupt mit einem Menschen zu reden. Ich bin mir allerdings nicht sicher, ob Dr. Konrad nicht um diese Geschehnisse weiß, ohne dass wir darüber reden.

Tante Hannes Geburtstag ist Anlass für ein großes Familientreffen. Kurt und Ute nehmen die 500 km in Kauf, um dabei zu sein. Heiner hat sich in der Bank ein paar Urlaubstage geben lassen und hat bereits geschrieben, ich solle viel

Zeit für ihn reservieren. Geliebter Bruder, denke ich zärtlich, ich schäme mich heute noch dafür, dass ich dich nicht wollte. Dabei brauchen wir beide uns doch so sehr.

Zum Ersten Mal in meinem Leben freue ich mich auf eine Familienfeier. Die Therapie zeigt mir immer wieder, da waren nicht nur negative Erlebnisse mit den Meinen. Da, wo ich heute stehe, kann ich mich einlassen auf die anderen, muss nicht immer darauf bedacht sein, alles schön richtig zu machen. Muss mich nicht so verhalten, wie es sich schickt.

Der Zettel in meiner Rocktasche mahnt mich immer wieder, wenn ich mir im Übermut zu viel zumuten will. In meinem Kopf ist er sowieso: Ich bin nicht dazu da, die Erwartungen der anderen zu erfüllen!

Was einst so leicht von mir aufgeschrieben wurde, hat sich im Alltagsleben als enorm anstrengend erwiesen. Ich muss lernen „nein“ zu sagen, wenn etwas gegen meine Bedürfnisse geht. Es klappt keineswegs immer. Aber jeder kleine Erfolg lässt mich stolz sein und spornt mich zu weiterem Erproben an.

Vielleicht ist es das Neuerlernte, dass mich mutvoll an die Feier herangehen lässt. Diesmal muss mich niemand zu Tante Hannes Haus begleiten. Keine Angstzustände oder Schwindelgefühle hindern mich, meinen Weg alleine zu gehen. Die Freude, eine gleichberechtigte Gesprächspartnerin auf dem Fest zu sein und nicht eine zombieähnliche Hülle, vollgedröhnt mit irgendwelchen dubiosen Mitteln, lässt mich aufgeregt auf Tante Hannes Geburtstag warten.

Ich kaufe für Tante Hanne ein besonders schönes Tischtuch mit passenden Servietten. Ich habe ein schlechtes Gewissen, sie in den letzten Jahren doch etwas vernachlässigt zu haben. Sie war schließlich über Jahre meine wichtigste Bezugsperson. Wichtiger als Mutter, denke ich erschrocken. Sie weiß im Gegensatz zu Mutter, dass ich inzwischen Vater besuche und sich zwischen uns ein reger Briefkontakt entsponnen hat. Ganz vorsichtig habe ich Vater gegenüber angedeutet, er könne doch auch zu mir ziehen. Mulmig ist mir dabei. Dies ist so ein Moment, in dem ich nicht auf mein Gefühl höre, sondern mich verpflichtet fühle, eine liebe Tochter zu sein. Ganz egoistisch bin ich bei dieser Frage, denn im Grunde will ich nur nicht das Wissen um Vaters Einsamkeit aushalten.

Vater ist Gott sei Dank vernünftiger als ich. „Marita, das geht nicht gut, Alt und Jung unter einem Dach. So, wie es jetzt ist, ist es gut. Ich bin überglücklich, dich wiedergefunden zu haben. Ich bewundere deine Stärke und deinen Mut, der es dir ermöglichte, wieder mit mir Kontakt aufzunehmen. Ich hätte mit Sicherheit den Weg zu dir von mir aus nicht mehr gefunden."

Der Tag, an dem wir Tante Hannes 57. Geburtstag feiern, ist gekommen. Alle Gäste, bis auf Mutter und Hermann, sind pünktlich eingetrudelt.

Tante Hanne entscheidet nach einer Stunde vergeblichen Wartens, jetzt wird gegessen.

Das Fest ist bereits in vollem Gange, als Hermann sich ohne Mutter total verschwitzt und abgehetzt einfindet. Die Gespräche brechen sofort ab. Jeder im Raum spürt, es ist etwas passiert. Noch ganz aus der Puste, informiert Hermann uns, dass Mutter auf der Intensivstation des Krankenhauses liege und die Ärzte allen Grund zur Sorge hätten durchblicken lassen. Er wolle gleich wieder in das Krankenhaus zurück.

Etwas belustigt überreicht er Tante Hanne ein Paket und einen Umschlag, mit den Worten „wenn wir dir das schon eher geschenkt hätten, wäre mir der Weg hierher erlassen worden. Dann hätte ich dich anrufen können."

Skeptisch packt Tante Hanne das Geschenk aus und betrachtet das inliegende Telefon. Der Umschlag enthält einen Gutschein für die Anmeldung eines Anschlusses. „Neumodischer Kram“, murmelt Tante Hanne sichtbar gerührt.

Es ist wohl überflüssig zu erwähnen, dass die Feier mit der Nachricht von Hermann ein jähes Ende findet.

Kurt und Ute begleiten Hermann ins Krankenhaus. Heiner kommt mit zu mir, und wir vereinbaren, dass wir stets telefonisch auf dem Laufenden gehalten werden. Wie dankbar bin ich Laura jetzt, die mich altmodisch nannte, als ich nach Rüdigers Tod immer noch keinen Telefonanschluss für mich beantragen wollte.

Heiner und ich stieren das Telefon an, als wollten wir es zwingen, endlich zu klingeln und gute Nachrichten zu übermitteln. Heiner unterbricht unser Schweigen als Erster. „Solange es nicht klingelt, ist auch nichts passiert“, ist seine Devise. Doch seine Stimme klingt dabei so unsicher wie sonst nie.

Fünf Uhr früh ist es, als Mutters Herz zu schlagen aufhört. Ute ist diejenige, die uns Bescheid gibt. Ganz erschöpft und dünn klingt ihre Stimme und gleich als sie sich meldet, weiß ich, was geschehen ist.

Nichts rührt sich in mir. Teilnahmslos gebe ich das eben Gehörte an Heiner weiter, nehme ihn in den Arm und wiege ihn in meinen Armen hin und her, bis sein Schluchzen leiser wird.

Meine scheinbare Ungerührtheit hält bis zur Beerdigung und noch darüber hinaus an. Es ist immer der gleiche Gedanke, der in meinem Kopf hämmert: „Zu spät, zu spät, du bist zu spät gekommen und kannst jetzt nichts mehr mit ihr klären.“ In meinem Kopf entsteht ein Druck, der mich glauben lässt, gleich werde ich wahnsinnig.

Warum bin ich nicht zu ihr gegangen, als es noch möglich war? Nie werde ich jetzt Antworten auf meine Fragen bekommen, die in meiner Brust brennen.

Ich rufe Dr. Konrad an und versuche, den zuletzt vereinbarten Termin abzusagen. Meine Übelkeit bringt mich fast um, und in meinem Kopf breitet sich eine Dauermigräne aus, die nie wieder verschwinden wird. Jedenfalls ist das mein Gefühl. Es geht mir einfach zu schlecht, um die Sitzung einhalten zu können.

Dr. Konrad besteht vehement auf dem vereinbarten Termin. „Solange Sie noch hierherkriechen können, erwarte ich Sie pünktlich zu sehen.“ Die Strenge in seiner Stimme lässt mich für einen kurzen Moment meinen Atem anhalten. So kenne ich ihn nicht. Die ganze Therapie über habe ich ihn als verständnisvollen Ansprechpartner erlebt, und nun dies. Zumal in dieser Situation.

Ich schäume! Meine ganze Ohnmacht und Hilflosigkeit, die ich seit Mutters Tod verspüre, bricht zusammen und verwandelt sich in rasende Wut. Wut auf Dr. Konrad, der mich zwingt, in dieser Situation, in der es mir so schlecht geht, dass ich kaum krabbeln kann, zu ihm zu kommen. Wut auf mich, weil ich die Chance, mit Mutter unausgesprochene Dinge zu klären, verpasst habe. Und nicht zuletzt Wut auf Mutter, die sich mir wieder einmal entzieht.

In dieser Stimmung treffe ich bei Dr. Konrad ein. Ich nehme mir auf dem Hinweg ganz fest vor, ihm tüchtig die Meinung zu sagen.

Bereits nach einigen Sätzen zerplatzt meine Wut, so als ob jemand in einen Luftballon sticht und alle Luft entweicht. Er schafft es mit ganz einfachen Worten. „Und was steckt hinter Ihrer Wut. Was kommt, wenn die Wut weg ist?“

Mein so gut getarntes Gerüst bricht mit einem Schlag zusammen. ANGST! schreit es in meinem Inneren. Angst kommt dann zum Vorschein. Angst davor, meinen Schmerz zu spüren, der mich wie eine Woge wegspült, wenn ich ihn zulasse.

Mutter, keinen Gruß hast du für mich hinterlassen. Keine Zeile, die nur mir gehört. Was würde ich dafür geben!

Mein Tränenstrom scheint kein Ende nehmen zu wollen. Dr. Konrad lässt mir Zeit. Erst Tage später registriere ich, dass er auch den nachfolgenden Termin wohlweislich für mich reservierte. Mit rot geweinten Augen und verschmiertem Make-up begebe ich mich auf den Heimweg. Die scheinbare Härte, die Dr. Konrad an den Tag legte, als er auf der Einhaltung des Termins bestand, war goldrichtig.

Mein Kopfdruck ist verschwunden. Ich kann meine Trauer jetzt annehmen. Verheult und unendlich erleichtert erreiche ich meine Wohnung. Wie war das, überlege ich: Wenn ich weine, geht es mir gut. Das habe ich aus der Therapie mitgenommen. Stimmt! Vorher ging es mir schlecht als die Anspannung an meinen Kräften zerrte. Wie wohl tuend dagegen ist die Entspannung, die sich beim Weinen einstellt.

Zwei Wochen später hält der Alltag wieder Einzug. Kurt und Ute sind gleich nach der Beerdigung nach Hause gefahren. Mutter hat nun nicht mehr erfahren, dass sie in fünf Monaten Großmutter geworden wäre. Hätte sie sich gefreut? Ich weiß es nicht. Immer deutlicher wird mir von Tag zu Tag, dass ich sie kaum gekannt habe.

Heiner wird morgen abreisen. Heute Morgen vertraute er mir an, dass er seit einigen Wochen enger mit einer Kollegin befreundet ist. Wie es aussieht, wird mehr daraus werden, hofft Heiner. Sieh an, kleiner Bruder, schmunzle ich in mich hinein; sogar rot kannst du werden. Ich gönne ihm sein Glück von Herzen, und doch verspüre ich Wehmut. Es kommt mir in letzter Zeit sowieso vor, als ob die Welt um mich herum nur noch aus glücklichen Paaren besteht. Was vor kurzem mir noch ganz unmöglich erschien, nimmt langsam Kontur an: ich kann mir (ganz vorsichtig) eine neue Beziehung vorstellen. Je mehr Altes, Bearbeitetes von mir fällt, je mehr Raum entsteht für Neues in mir.

Sind es diese Gedanken, oder ist es die Leere, die ich nach Heiners Abreise verspüre? Egal, heute werde ich endlich an Gerold schreiben. Bereits siebenmal habc ich in den letzten achtzehn Monaten auf Gerolds Briefe geantwortet. Aus den paar Monaten, die er auf der Bohrinsel verbringen sollte, sind mittlerweile besagte eineinhalb Jahre geworden. Ich freue mich über unseren Briefwechsel. Es ist allerdings noch viel zu früh, um von einer wirklichen (Brief-) Freundschaft zu sprechen.

Gerolds Aussehen ist mir noch gut in Erinnerung. Seine Attraktivität ist ohne Zweifel immer noch groß, wie ein Foto von ihm mit einem Kollegen zeigt. Damals in meinem alten Leben, wäre das Grund genug gewesen, mein Herz höher schlagen zu lassen. Heute hat sich mein Blickwinkel wesentlich verändert. Ich versuche mehr das Innere des Menschen zu beurteilen als das Äußere. Und das kenne ich nur zu einem winzigsten Teil aus seinen Briefen.

Dr. Konrad hat bereits mehrmals sein Unverständnis über meine Umgehensweise mit Gerold ausgedrückt. „Warum nehmen Sie nicht einmal eine Einladung von ihm an und geben sich beiden die Chance, sich näher kennen zu lernen?“ Als er merkt, dass er bei mir in dieser Hinsicht auf Granit beißt, zuckt er mit den Schultern. „Sie müssen es ja wissen; und Sie werden Ihre Gründe haben“.

***

„Wo tanken Sie auf, Marita?“ Dr. Konrad versteht es immer noch, mich zu erstaunen. Wo soll ich schon auftanken?

Ich gebe die Frage an Dr. Konrad zurück. „Und wo tanken Sie auf?“ Vor einem halben Jahr noch hätte ich bestimmt keine Antwort bekommen. Er hätte in seiner unnachahmlichen Art die Augenbrauen hochgezogen und mich nur angesehen. Heute gibt er mir lachend Antwort: „Bei meiner Frau und meinen beiden Söhnen.“ Ein kleiner Stich zieht durch mein Herz. Wie gern würde ich auch bei einem Partner auftanken. Ist das ein gutes Zeichen, frage ich mich? Hat die Welt mich langsam wieder?

Am Ende der Sitzung treffe ich für mich eine Entscheidung: Ich werde zur Kur fahren und auftanken.

Reiseziel, so Dr. Konrad, soll nach Möglichkeit ein Ort am Wasser sein. Ein richtiger Tapetenwechsel soll es werden. Mal keine Berge, sondern Wasser, Strand und Weite.

„Sie haben viel und hart an sich gearbeitet, Marita. Jetzt sollten Sie einfach die Seele baumeln lassen. Und ich glaube, niemand hat das im Moment so sehr verdient, wie Sie.“

Um die Formalitäten kümmert sich Dr. Konrad. Es vergehen vier Wochen, bis feststeht, ich fahre für mindestens sechs Wochen nach St. Peter-Ording. Eventueller Nachschlag ist nicht ausgeschlossen.

Nun geht mir das Ganze doch etwas zu schnell. Ich habe weder Reise- noch Kurerfahrung. Alleine der Gedanke, wie komme ich überhaupt dorthin, lässt mich Schweißausbrüche bekommen. Dr. Konrad sieht da überhaupt keine Probleme. „Fahren Sie doch einfach mit dem Zug.“ Der Mann hat gut lachen. Einfach in den Zug, ha, ha. Das letzte Mal, dass ich im Zug saß, war vor 24 Jahren. Da habe ich Vater in Hamburg besucht und hatte ein Schild mit dem Fahrziel um den Hals. Keine schlechte Idee, das wärs doch. Dr. Konrad setzt mich in den Zug mit einem Schild um den Hals. Ich muss trotz Aufregung grinsen.

Es wäre auch kein schlechter Gedanke, meint Dr. Konrad, mal darüber nachzudenken, ob es nicht an der Zeit wäre, den Führerschein zu machen. „Dann können Sie am Verkehr teilnehmen."

Das hat gesessen. Ich muss mich wohl langsam etwas mehr mit dem Gedanken anfreunden, dass der Mensch nicht nur vom Brot allein lebt.

Wenn ich schon näheren Kontakt zu einem Mann aufnehmen will, warum dann nicht zu Gerold, beschließe ich. Meine Unterlagen sind vollständig, der Reisetermin steht fest, nun kann ich ihm von meiner Unternehmung berichten.

Ich habe bei Hermann auf einer Karte nachgesehen und ausgerechnet, dass Bremerhaven gerade drei Fahrtstunden von St. Peter-Ording entfernt liegt. Hermann sagt sogar, „drei Stunden sind hoch gerechnet, da kann man ganz gemütlich hintuckern. Zwei Stunden sollten auch reichen." Ich denke an Hermanns Fahrstil und kalkuliere drei Stunden ein.

Zum ersten Mal seit Mutters Tod essen Hermann und ich zusammen zu Mittag. Er hat sich rar gemacht in dem letzten halben Jahr. Das Essen ist fix und fertig. Hermann muss es nur noch warm machen. Das Haus macht einen gepflegten Eindruck. Ich bin verblüfft. Immer wieder habe ich mir in den letzten Wochen die Frage gestellt, wie Hermann wohl zurechtkommt und ob es nicht gemein von mir ist, ihn mit dem Haushalt so alleine zu lassen.

Bis nach dem Kaffee wartet Hermann, um mir die Erklärung zu geben. Hermann ist wieder eine neue Verbindung eingegangen. Das Alleinleben wäre nichts für ihn, einen Mann über sechzig. Er sei dabei, die Metzgerei zu verkaufen und wolle mit seiner neuen Frau auf Reisen gehen. Sie sei eine Lehrerwitwe, deren einziger Sohn bereits sein eigenes Leben führe. „Wir gehören schließlich noch nicht zum alten Eisen. Hier versäumen wir nichts."

Meine Verblüffung legt sich schnell. In meinem alten Leben hätte ich bestimmt keine Toleranz für Hermanns Lebenspläne aufgebracht. Doch heute denke ich über viele Dinge anders, und ich kann mich uneingeschränkt mit ihm über sein frisches Glück freuen.

Seit sieben Jahren sind Hermann und Frau Senkstaken bereits liiert. Die ersten drei Monate nach Mutters Tod haben sie ihre Beziehung noch genauso geheim gehalten, wie in den sechseinhalb Jahren als Mutter noch lebte.

Mit meiner Toleranz bin ich schlagartig am Ende. So ein Schwein, denke ich. Und das vor Mutters Nase; denn Frau Senkstaken wohnt nur vier Häuser entfernt.

Hermann wirkt erleichtert, die Situation geklärt zu wissen. Auf meine Frage, ob Kurt und Heiner schon Bescheid wissen, antwortet er mir, „ich wollte erst mit dir sprechen und heute Abend Kurt und Heiner telefonisch informieren. Doch egal, was einer von euch zu meiner Verbindung sagt, ich werde meine Zukunft so verbringen, wie ich dir eben sagte. Schließlich habe ich lange genug Rücksicht genommen."

Rücksicht auf wen? Ich kenne die Antwort, bevor er sie mir gibt. „Rücksicht auf deine Mutter, Marita. du weiß, es ging ihr schon seit vielen Jahren gesundheitlich nicht berauschend. Sie wäre alleine nicht lebensfähig gewesen. Was hätte ich tun sollen. Seit Kurts Geburt musste ich um jede Liebesnacht betteln. Das hält auf Dauer kein Mann aus. Ich bin sicher, deine Mutter hat von meiner Affäre gewusst und es war ihr egal. Die Hauptsache für sie war, dass sie sich versorgt wusste. Und du kannst mir nicht nachsagen, ich hätte nicht gut für sie gesorgt.“

Das kann ich wirklich nicht. Doch, dass ausgerechnet Hermann, der Biedermann in Person, vier Häuser neben Mutter durch Frau Senkstakens Bett tobte, muss ich erst einmal verdauen.

Ziemlich eisig verläuft unser Abschied. Der große stabile Hermann scheint sich gar nicht wohl in seiner Haut zu fühlen. Gerne möchte ich ihm etwas Nettes sagen und ihm Glück wünschen, doch das käme mir wie Verrat an Mutter vor.

***

Der Brief an Gerold ist abgeschickt. Er weiß jetzt, wann und wo er mich in St. Peter-Ording erreichen kann. Mal sehen, wie groß sein Interesse an mir ist.

Eine Woche habe ich Zeit, mich um meine Fahrkarte und die anderen Sachen, die ich für die Kur benötige, zu kümmern. Die Tage scheinen dahinzufliegen.

Ich besuche Laura und Partner, um Lebewohl zu sagen.

Laura lebt jetzt mit Holger zusammen. Die beiden wünschen sich sehnlichst ein Kind. Heiraten will Laura nicht, Holger schon.

Ich hätte gedacht, es sei umgekehrt. Aber dass es zurzeit mit meiner Menschenkenntnis nicht so weit her ist, durfte ich diese Woche schon mal erfahren. That’s life.

Gerolds Brief mit der Zusage, ganz bestimmt komme er mich besuchen, kommt einen Tag vor meiner Abreise.

Ich mache zehn Kreuze für mich als ich St. Peter-Ording und die Klinik ohne Hindernisse erst mit dem Zug, dann mit dem Bus, erreiche.

***

Es ist ein diesiger Tag. Von Weite keine Spur. Vielleicht war es doch keine gute Entscheidung, die Kur im April anzutreten. Die Kurklinik macht einen gepflegten Eindruck, und das Zimmer, das mir zugewiesen wird, empfinde ich als ansprechend. Ich habe Glück und brauche das Zwei-Bett-Zimmer mit niemandem zu teilen. Jedenfalls erst einmal nicht, wird mir gesagt. Ich solle mich aber darauf einstellen, dass gleich nach Ostern eine Frau anreist, die das freie Bett für sich in Anspruch nehmen wird.

An den Tagesablauf der Klinik muss ich mich erst gewöhnen. In den vergangenen Jahren lebte ich sehr isoliert, wird mir hier bewusst. Die ersten Stunden fällt es mir sehr schwer, unter so vielen Menschen zu sein. Mein Bauch spannt sich und zeigt mir an, wie unwohl ich mich fühle. Mein letzter Klinikaufenthalt ist erst zwei Jahre her und bestimmt kein Zuckerschlecken gewesen. Doch das ungute Gefühl ist am späten Nachmittag meines Anreisetages, nach einem ersten Gespräch mit Herrn Dr. Stenzel, verschwunden, vor allem als er mir erzählt, er habe mit Herrn Dr. Konrad zusammen in Erlangen studiert. „Ich weiß von ihm, dass Sie in den letzten Jahren Schweres durchgemacht haben. Ich schlage Ihnen daher vor, Sie werden nur für die unbedingt notwendigsten Anwendungen eingetragen, damit viel Zeit für Aktivitäten bleibt, die Sie sich selbst aussuchen. Sind Sie damit einverstanden, Frau Metzler?“

Und so kommt es dann auch. Ich besorge mir an der Rezeption Material über den Ort und die nähere Umgebung. Ich bin in eine Gegend geraten, die eine Unmenge zu bieten hat. Ich weiß gar nicht, was ich zuerst oder zuletzt machen möchte. Ich entscheide mich am heutigen Anreisetag zum Einstieg für einen kurzen Spaziergang durch den Ort.

Ich habe gerade das Klinikum verlassen, als ein kräftiges „Hallo“ mich instinktiv umdrehen lässt. Schnellen Schrittes eilt eine Frau hinter mir her. „Darf ich Sie begleiten? Mein Name ist Eva Garbe.“ Eine zierliche Hand streckt sich mir freundlich entgegen. „Marita Metzler, ja gerne, ich bin zum ersten Mal in einer Kur und kenne mich hier im Ort gar nicht aus.“

Die Bekanntschaft mit Eva erweist sich für mich als wahrer Segen. Alleine hätte ich mich viel schwerer getan, meine neue Umgebung zu entdecken. Manchmal bin ich doch ein kleiner Schisser, denke ich; tröste mich aber gleichzeitig damit, dass nicht jeder Mensch zum Abenteurer geboren ist.

Eva kennt St. Peter-Ording wie ihre Westentasche. Nach einem kleinen Fußmarsch von fünf Minuten stehen wir auf dem Marktplatz. Entlang geht es an der roten Kirchhofsmauer in die Olsdorferstraße. Von Eva erfahre ich, dass diese Straße nach einem Kirchenheiligen, dem Beschützer der Fischer, benannt wurde. Nach einem leichten Rechtsknick der Straße befinden wir uns auf der Dorfstraße. Wir bummeln vorbei an einem reetgedeckten Lokal, an Porzellangeschäften und einer Bernsteinschleiferei. Am Schüttkoben – Eva erklärt, in ihm wurden zugelaufene Tiere vom Dorf gehütet, bis sich der Besitzer meldete – endet meine erste Entdeckungsreise. Zufrieden gehe ich neben Eva in Richtung Klinik.

***

Jetzt weiß ich Dr. Konrads Frage „wo tanken Sie auf?“, einzuordnen. Alle Last fällt von mir ab. Rüdigers und Mutters Tod? Lange her. Ängste und Schmerzen? Das kann nicht ich gewesen sein.

Ich genieße jeden Tag!!!

Mein erster Weg führt morgens zum Badezimmerspiegel. Ich lächle mich freundlich an. Dasselbe Ritual führe ich vor dem Schlafengehen durch. Diese Übung war der letzte Tipp, den Dr. Konrad mir in den Kurlaub (wie er meinen Aufenthalt in St. Peter-Ording nannte) mitgab.

Ich mag mich und möchte dieses Gefühl am allerliebsten konservieren!

Meine medizinischen Anwendungen lege ich in die frühen Morgenstunden, damit mir für meine Erkundungen genügend Zeit zur Verfügung steht.
Von dem Meer mit seinem kilometerlangen Strand, an dem ich mir den Wind um die Nase wehen lasse, kann ich nicht genug bekommen. Jetzt weiß ich, was es heißt, wenn jemand davon spricht, die Seele baumeln zu lassen. Genau das tue ich; Tag um Tag.

Gerne hätte ich meine heutige Wanderung – am Eidersperrwerk vorbei, dann immer auf dem Deich entlang – mit Eva unternommen. Ich bin immer noch rundum begeistert, was ich durch sie in kürzester Zeit von St. Peter-Ording und dem Umland gesehen und erfahren habe. Dabei kann sie so plastisch die Geschichte des Ortes schildern, dass ich mich zeitweise um Jahrhunderte zurückversetzt fühle.

Leider ist Eva für mich zurzeit unerreichbar. Nicht, dass sie sich nicht mehr am Ort aufhält. Auch das Klinikum hat sie nicht verlassen. Es handelt sich eher um eine Art geistiges Weggetretensein. Um es kurz zu machen: Ullrich kam! Sah! Siegte!

Was schert es im Moment die beiden, dass Ullrich in Neumünster Frau und zwei kleine Kinder sitzen hat. Eva gibt mir ganz kühl zu verstehen, sie wäre schließlich nicht hierher gekommen, um zu versauern. Und Ullrich meint, ich solle mich nicht so haben, schließlich nähme Eva seiner Frau nichts weg. Meine Einstellung zu einer Ehe und der für mich unweigerlich dazugehörenden Treue, wird von beiden als altmodisch belächelt.

Flüchtig fällt mir mein altes Leben ein, in dem ich gar nicht wählerisch gewesen bin, wenn es darum ging, mit einem Mann ins Bett zu gehen. Mir ist bis heute nicht aufgefallen, dass ich mich nie danach erkundigt habe, ob der eine oder andere verheiratet war. Die Zeit liegt lange zurück, und zu viel ist in der Zwischenzeit geschehen, um mich weiter an so einem schönen Apriltag mit Schnee von gestern zu beschäftigen.

In meine Gedanken hinein werde ich ans Telefon gerufen. Ich freue mich riesig, Gerolds Stimme zu hören.

„Ich mache es kurz, Marita. Wenn du willst, besuche ich dich am 1. Mai. Einverstanden?"

Klar bin ich einverstanden und vor allem gespannt, wie das Wiedersehen wohl sein wird. Es war bei beiden von uns Sympathie auf den ersten Blick. Unser sofortiges Verstehen setzte sich auch in unserem Briefkontakt fort.

Am nächsten Morgen versuche ich mich um die Anwendungen zu drücken, indem ich Rückenschmerzen vortäusche (Pfui, Marita, sage ich mir selbst, darf man lügen?). Doch bekanntlich straft Gott kleine Sünden sofort (übrigens auch Tante Hannes Devise). Und richtig. Ausgerechnet an Knut muss ich heute geraten, der dafür bekannt ist, dass er nicht gerade zimperlich mit den Patienten umgeht. Dann wollen wir mal schnell eine Fango-Packung dazunehmen, lautet lapidar sein Kommentar.

„Haben Sie schon einmal jemanden mit einer Spontanheilung erlebt?“ Knut kann auf diese Erfahrung jetzt zurückblicken, und die Fango-Packung ist vom Tisch.

Kaum bin ich seinen Fängen entronnen, führt mich mein Weg zum nächsten Fahrradverleih, welche es hier an jeder Ecke gibt. Die Gegend bietet sich ideal für Radtouren an. Wie lange ist es her, dass ich nicht mehr Fahrrad gefahren bin? Gudrun kommt mir in den Sinn, die mir das Fahrradfahren vor sechsundzwanzig Jahren beibrachte. Vierzehn Jahre lang habe ich jetzt nicht mehr auf einem Drahtesel gesessen. Kaum zu glauben, meint der Verleiher, nachdem ich eine Proberunde gedreht habe. Sehe ich da nicht ein leichtes spöttisches Funkeln in seinen Augen?

Hocherhobenen Hauptes schiebe ich das Rad bis zur nächsten Ecke, und erst da schwinge ich mich auf den Sattel. Wahrscheinlich mache ich auf dem Rad nach der langen Pause nicht gerade eine gute Figur, doch was zählt schon meine Unsicherheit gegen meinen heroischen Willen, mich nicht von diesem Rad beherrschen zu lassen und ihm zu zeigen, wer seine Herrin ist. Und überhaupt traue ich diesem Fiesling zu, dass er mir ein Rad angedreht hat, dass besonders schwer zu handhaben ist.

Nach einigen Kilometern sind das Rad und ich nicht gerade die besten Freunde geworden, doch ich eiere nicht mehr hin und her und kann mir auch schon einmal die Landschaft ansehen, ohne gleich im nächsten Straßengraben zu landen. Wer sagt's denn. Wieder eine Hürde genommen. Vielleicht sollte ich doch nach der Kur meinen Führerschein in Angriff nehmen.

Meine Fahrt führt mich heute nach Katingsiel, wo sich

eine 320 Jahre alte Schankwirtschaft befinden soll. Ich mache den Vorgucker, denn wenn morgen Gerold kommt, möchte ich schon einen Vorschlag für ein schönes Plätzchen machen können.

Meine Erwartungen werden noch übertroffen. Das reetgedeckte Haus befindet sich seit über hundert Jahren in Familienbesitz. Originale Delfter Kacheln strahlen Urgemütlichkeit aus. Das wird Gerold gefallen, denke ich. Der freundliche Wirt begrüßt mich als kenne er mich schon seit Jahren und bewirtet mich mit Kaffee und Kuchen. Die Zeit scheint hier stillzustehen. Am Nachbartisch sitzen zwei Urlauber und schlürfen Omas Eierpunsch, die Spezialität des Hauses.

Nur mit Mühe reiße ich mich aus dieser wunderbaren Atmosphäre heraus, zumal ich jeden Knochen in mir einzeln spüre. Wenn das so weitergeht, wird Knut wohl doch noch seine Fango-Packung anbringen können.

Unter größten Anstrengungen schwinge ich mich wieder auf das Rad. Es wird aber höchste Eisenbahn, etwas für meine körperliche Konstitution zu tun. Außer Atem erreiche ich keuchend den Verleih. Der Händler besitzt immerhin noch so viel Sensibilität, dass er mit einem Blick in mein Gesicht sich jeglichen Kommentar verkneift. Glück, gehabt, Junge, denke ich. du hättest mit deinem Leben gespielt!

Todmüde falle ich ohne Abendessen ins Bett. Am nächsten Morgen kann ich kaum einen Schritt vor den anderen setzen. Ich bin gerade mit dem Frühstück fertig als Gerold eintrudelt.

Was ich dann erlebe, ist schwer zu beschreiben. Mit aus dem Auto krabbelt ein Mann; strahlt mich an. „Tag, Marita, ich bin Matthias, ein Freund von Gerold.“ Schade, denke ich für mich, gerne hätte ich den Tag mit Gerold alleine genossen. Bevor ich meine Enttäuschung verdaut habe, kommt eine neue Überraschung auf mich zu. Gerold steigt auf der Fahrerseite aus und klappt den Sitz nach vorne, um einer jungen Frau die Möglichkeit zum Aussteigen zu geben. Aha, denke ich, Matthias bringt also seine Freundin oder Frau mit.

Ganz schnell werde ich eines Besseren belehrt. Die junge Frau, Clarissa ist ihr Name, gehört keineswegs zu Matthias, wie ich zunächst annahm, sonder zu Gerold. Ich fühle mich wie vor den Kopf geschlagen. Aus der Traum, denke ich, aus und vorbei, bevor es überhaupt angefangen hat.

Clarissa bemüht sich von Anfang an um einen guten Kontakt zu mir, und auch ich verhalte mich freundlich. Was nützt es, ihr zu zeigen, dass ich sie am liebsten dahin wünsche, wo der Pfeffer wächst. Unfair finde ich das von Gerold. Warum hat er am Telefon nichts von seiner Partnerin gesagt?

Es ist, als könne Gerold meine Gedanken lesen. „Marita, du siehst vollkommen überrascht aus. Ich hätte dich verständigen sollen, dass ich nicht alleine komme. Doch Matthias und Clarissa haben sich gestern Abend ganz plötzlich entschlossen, St. Peter-Ording auf einem Kurztrip kennen zu lernen. Ich fand die Gelegenheit auch toll, dir meinen besten Kumpel und meine Freundin vorzustellen. Ich freue mich, dich zu sehen, Marita. du siehst erwachsener aus, als an dem Abend, an dem wir beide unsere Bekanntschaft machten.“

Matthias und Clarissa haben sich eingehakt und bummeln einige Meter vor uns her, Richtung Marktplatz. Unter anderen Umständen könnte ich jetzt mit meinem Wissen um die Historie des Städtchens glänzen, doch danach ist mir jetzt nicht zumute. Wie konnte ich nur so dumm sein und Gerolds freundliche Briefe so falsch deuten? Doch war er es nicht, der damals den Kontakt wiederaufnahm? Ich kann mir einfach nicht verkneifen, ihn darauf anzusprechen.

Gerold wirkt verlegen. „Marita, bitte verstehe mich nicht falsch. Als ich dich vor knapp zwei Jahren traf, war ich von Anfang an von dir und deiner Ausstrahlung angetan. Es hat mich zwar abgestoßen, wie selbstverständlich du auf Männerbekanntschaften eingingst. Ich habe viel über dich nachgedacht und kam zu dem Schluss, dass du mit Sicherheit kein leichtes Mädchen bist. Du hast mich neugierig gemacht. Ich wollte mehr von dir wissen. Ich wollte verstehen, was es war, was dich zu einem Lebenswandel trieb, der gar nicht zu dir passte. Ich glaube, ich war auch ein wenig in dich verliebt. Ist das schlimm?"

Es folgt ein treuherziger Augenaufschlag, für den ich ihn in diesem Moment ermorden könnte, denn er lässt mein Herz bis zum Halse schlagen.

Und wie passt Clarissa in dieses Spiel?

Clarissa, so erfahre ich von Gerold, der sich mittlerweile bei mir einhakte, als sei dies das Selbstverständlichste auf der Welt, ist seit vier Jahren Gerolds Freundin.

„Ursprünglich wollten wir heiraten, doch Clarissa hatte gerade zu dem Zeitpunkt, als wir uns kennen lernten, ihr Herz an einen ehemaligen Studienkollegen verloren, und es sah nicht so aus, als ob wir noch einmal wieder zusammenkommen würden. Deshalb habe ich auch überhaupt keine Skrupel empfunden, dich damals zum Essen einzuladen, und als das scheiterte, mit dir brieflich Kontakt aufzunehmen."

Ein lautes volltönendes Lachen gibt er zum Besten als er meinen Arm an sich zieht und weitererzählt: „Dann ist alles ganz anders gekommen, als ich vorhersehen konnte. Clarissa hat ihren Irrtum eingesehen, und jetzt sind wir wieder zusammen. Wenn man die paar Tage im Monat, die ich beruflich zu Hause bin, so nennen kann.“

Clarissa und Matthias sind vor einem Kunsthandwerksgeschäft stehen geblieben und winken uns lachend zu. Zum Teufel mit den beiden!

Noch mehrmals bekomme ich heute von Gerold zu hören, wie sehr er sich freut, mich zu sehen. Dabei strahlt er mich mit einer Naivität an, die mich beschämt. Meine Gefühle ihm gegenüber sind keineswegs nur freundschaftlich, merke ich. Doch der Zug ist abgefahren, Marita, sage ich mir.

Für den Rest des Tages mache ich gute Miene zum bösen Spiel. Wenn ich einigermaßen gut aus der Sache herauskommen kann, dann nur indem ich durchblicken lasse, dass auch ich freundschaftlich für ihn empfinde. Clarissa plappert den ganzen Tag gut gelaunt vor sich hin. Matthias legt einige Blödeleien an den Tag, an denen sich auch Gerold beteiligt. So vergeht der Tag nach außen hin ganz kurzweilig; meine Traurigkeit begleitet mich jedoch unterschwellig bei allen Unternehmungen und versaut mir den ganzen Tag.

Alle drei sind begeistert, als wir die Schankwirtschaft betreten, die ich gestern als Vorspäher ausgesucht habe. Clarissa erweist sich als eine fröhliche Frau, die ohne Scheu auf mich zugeht und mich unbedingt nach Bremerhaven einladen möchte. Unterstützt wird sie dabei von Matthias, der meint, er würde sich auch gerne für diesen wunderschönen Maifeiertag revanchieren.

Nur Gerold verliert im Laufe des Tages immer mehr seine Unbefangenheit. So scheint es mir zumindest. Ich merke, wie er mich von Zeit zu Zeit forschend ansieht. Ich bin heilfroh als sich der Tag dem Ende zuneigt und der Aufbruch der drei naht. Gerold zieht mich etwas zur Seite. „Marita, möchtest du überhaupt weiterhin Post von mir bekommen? Du hast dich mir gegenüber heute derart abweisend verhalten, dass ich mir nicht sicher bin, ob du überhaupt eine Freundschaft zu mir aufbauen möchtest."

Einer Antwort werde ich enthoben, denn Clarissa hat uns inzwischen erreicht und legt beide Arme um Gerolds Hals. Sie gibt ihm einen kleinen Nasenstüber. „He, du Brummbär, was guckst du an so einem schönen Tag so ernst? Marita bekommt ja Angst vor dir." Meine Eifersucht kann ich kaum noch unter Kontrolle halten. Der Abschied verläuft deshalb kurz und schmerzlos. Ich empfinde mich selber als sehr unhöflich, doch dies ist die einzige Möglichkeit für mich, nicht in Tränen vor den dreien auszubrechen.

In meinem Zimmer angekommen, werfe ich mich auf mein Bett und heule meinen Schmerz heraus. Diesmal, lieber Doktor Konrad, denke ich, sind es keine alten Tränen, sondern ganz frische.

Nun habe ich schon mal den Versuch unternommen, einem Mann näher zu kommen, da präsentiert er mir seine, wenn auch zugegeben nette Freundin. Wenn sie wenigstens hässlich wäre, dann könnte ich mich zumindest ins Zeug schmeißen und eventuell eine Gegnerin werden. Doch wer ist schon so dämlich und kämpft gegen eine blonde Gazelle, die zudem noch fast zehn Jahre jünger ist als ich.

Seufzend schließe ich das Kapitel Gerold in meinem Herzen ab.

***

Heute habe ich einen Regentag erwischt, der selbst mich schaudern lässt. Meine sonst übliche Devise, es gäbe kein schlechtes Wetter, nur schlecht gekleidete Menschen, wird heute widerlegt. Es ist einfach abscheulich diesig und schüttet dazu noch aus vollem Himmel.

Mein Tag, der erst versprach, sich zu einem langweiligen Regentag, an dem man am besten im Bett bleibt, zu entwickeln, nimmt überraschend einen fast turbulenten Verlauf. Vormittags kommt Eva, um sich bei mir auszuheulen. Ullrich hat sie betrogen. Während ich noch für mich denke, wenn der noch eine hat, braucht der unbedingt ein schnelles Moped, schluchzt Eva, „mit seiner Frau“. Ullrichs Frau hat für das Wochenende überraschend ihre beiden Söhne bei der Großmutter untergebracht und wollte ihrem Mann mit ihrem Besuch eine Freude machen. Ullrich ließ Eva wie eine heiße Kartoffel fallen, von großer Liebe keine Spur mehr. „Du musst doch verstehen, die Kinder brauchen uns, und meine Frau könnte eine Trennung körperlich gar nicht verkraften.“ Besagte Frau wurde Stunden später von Eva auf dem Tennisplatz gesehen, als sie der Reihe nach die besten Spieler vom Feld fegte. Danach brachte sie ihren Mann dazu, mit ihr eine kleine Fahrradtour von knapp vierzig Kilometern zu unternehmen.

Mit meinem ruhigen Vormittag ist es vorbei. Macht nichts, tröste ich mich, die Karten für Tante Hanne und die anderen kannst du auch später schreiben.

Der Nachmittag bringt nicht nur die Sonne hervor, sondern für mich auch einen unvermuteten Besuch. Mir wird ein männlicher Besucher angekündigt. Gerold, jubelt es in mir. Ich sprinte in solch einem Affenzahn die Treppe hinunter, dass eine Zwanzigjährige ihren Hut vor mir ziehen müsste.

Vor mir steht nicht der Ersehnte, sondern Matthias. „Na, da staunst du wohl!“ Allerdings. Matthias hat es am 1. Mai in St. Peter-Ording so sehr gefallen, dass er unbedingt noch einmal hierher wollte, solange ich noch kure. Meine Freude hält sich in Grenzen, denn zunächst muss ich die Enttäuschung, dass Matthias anstelle des Erhofften an der Rezeption steht, verdauen.

Es wird dann doch ein recht schöner Nachmittag. Matthias erweist sich als sehr angenehmer Mensch, der keineswegs immer herumblödeln muss, wie ich bei unserem letzten Treffen annahm. Meine Laune hebt sich zusehends; vor allem als er mir erzählt, Gerold habe zurzeit viel Stress, denn er habe inzwischen erfahren, dass Clarissa mit ihrer alten Liebe immer noch nicht so ganz fertig sei.

Vollkommen unvermutet nimmt mich Matthias zum Abschied in den Arm und gibt mir einen Kuss. Und ich kann nicht sagen, dass es unangenehm ist. Zumal es meinem Selbstwertgefühl Aufschwung gibt.

Noch zwei Wochen bleibe ich nach diesem überraschenden Besuch in der Kurklinik. Die Tage vergehen in ruhiger Gleichmäßigkeit, was mir gut gefällt und mir vor allen Dingen Zeit lässt, nach vorne zu sehen.

Wie soll meine Zukunft aussehen? Längst frage ich nicht mehr, was bringt sie mir, seit Dr. Konrad mich auf die Passivität dieser Worte hinwies. Ich habe seine Kritik noch im Ohr. „Wenn Sie warten, was Ihnen die Zukunft bringt, können Sie lange darauf warten, dass Sie eine Scheibe Glück abbekommen. Wie wäre es, wenn Sie sich stattdessen lieber fragen würden, was *Sie* aus ihrer Zukunft machen. Schließlich ist es **IHR** Leben, um das es geht.“

Ein Gedanke, der bereits vor der Kur von mir Besitz ergriffen hat, breitet sich immer mehr in mir aus. Wenn ich auch nicht im Geld schwimme, so habe ich doch durch die

Rente mein normales Auskommen und kann mir hin und wieder sogar etwas Luxus leisten. Doch in den Wochen vor der Kur merkte ich immer mehr, wie unausgefüllt mein Tag verläuft. Eine Arbeit würde ihm mehr Struktur geben und mich zufriedener sein lassen; davon bin ich überzeugt.

Dies wird ein Punkt auf meiner Liste sein, den ich mir unbedingt mit Dr. Konrad zusammen ansehen möchte.

Ich breite diesen Gedanken nach dem Abendbrot vor einigen Frauen, mit denen ich regelmäßig abends Kontakt habe, aus und bin erschrocken über die Reaktion, die ich ernte. Das geht von „da müsste ich ja schön blöd sein, wenn ich freiwillig arbeiten gehen würde“ bis hin zu „nun nimm doch den Frauen nicht den Arbeitsplatz weg, die unbedingt ihr Brot verdienen müssen“.

Im Großen und Ganzen fühle ich mich abends in dieser Frauenrunde, in der wir uns nach dem Abendbrot ganz zwanglos zusammensetzen, wohl, doch heute empfinde ich ein Gefühl des Unverstandenseins. Meine Überlegungen werden von der Gruppe nicht ernst genommen. Andererseits ist diese Runde auch ein gutes Übungsfeld, für das bei Dr. Konrad Erlernte. Wie oft haben wir in den vergangenen Monaten darüber gesprochen, wie wichtig es ist, einerseits neue Gedanken, die von außen an einen herangetragen werden, nicht einfach abzutun, sondern in sich sacken zu lassen. Andererseits ist es auch keine Lösung, alles von außen Kommende wie einen nassen Schwamm aufzusaugen. Die richtige Balance zu finden, scheint mir manchmal höllisch schwer.

„Trösten Sie sich, Marita, das geht ihnen nicht alleine so. Auch ich muss immer wieder sehen, dass ich nicht von meinem Weg abkomme. Denken Sie immer daran, ein Weg, der für einen Menschen gut ist, braucht für Sie noch lange nicht der Richtige zu sein – das gilt umgekehrt natürlich auch. Für mich ist es wichtig, in der Therapie keine Rat*schläge* zu geben. Denn wie es das Wort schon sagt, es sind Schläge und keine Hilfe", erfahre ich von Dr. Konrad.

Es kommt bestimmt nicht von ungefähr, dass ich heute verstärkt an ihn denke. In den Wochen vorher kam er mir kaum in den Sinn. Zeitweise dachte ich mir sogar, vielleicht brauchst du die restlichen Stunden bei ihm gar nicht mehr. Doch jetzt, wo ich mich gedanklich immer mehr mit einer eventuellen Berufstätigkeit beschäftige, bin ich froh, wenn es einen Menschen gibt, der sich meine Lebenssituation mit ansieht. Es entstehen in diesen letzten Kurtagen immer mehr Zweifel. Soll ich arbeiten gehen, oder bin ich noch nicht belastbar? Wenn ja, was kann ich tun?

Den unglückseligen Maientag, an dem Gerold hier aufkreuzte, habe ich auch noch nicht verdaut und bin froh, wenn ich mit Dr. Konrad darüber sprechen kann.

An diesem Abend ziehe ich mich früh aus unserer „Verbalen", so nennen wir unsere abendlichen Gespräche, zurück. Hier hatte ich bisher täglich Ansprechpartner, vorwiegend Ansprechpartnerinnen. Zu Hause komme ich in eine leere Wohnung. Meine Isolation, zu Beginn der Therapie notwendig und zu diesem Zeitpunkt auch selbst gewählt, steht übermächtig drohend vor mir. Mir graust bei dem Gedanken, wieder alleine die Mahlzeiten einnehmen zu müssen. Meine mühsam angegessenen acht Pfund, die mich endlich nicht mehr wie eine Bohnenstange aussehen lassen, werden schnell wieder verfliegen. Susanna, der ich gestern diese Bedenken mitteilte, seufzte und schaute auf ihre zwanzig Pfund Übergewicht. „Diese Probleme möchte ich auch mal haben."

Viele Frauen habe in der Klinik untereinander starke Kontakte aufgebaut. Einige versprechen sich für die Zukunft regen Briefwechsel. Warum kann ich mich nicht näher auf Kontakte einlassen? Ist es immer noch die alte Angst, Nähe könne für mich gefährlich werden? Wenn ich jemanden näher an mich heranlasse, kann ich wieder abgewiesen und damit verletzt werden. Schade, denke ich bedrückt, ich hatte eigentlich gedacht, ich sei schon durch die Therapie ein Stück weiter. Uneigentlich scheine ich noch ein gewaltiges Stück vor mir zu haben.

Am nächsten Morgen sind meine negativen Gedanken wie weggeblasen. Natürlich habe ich schon einen großen Berg überwunden. Wie sagte Knut (seinen Fango-Packungen weiche ich nach wie vor trotz Verordnung aus, ansonsten hat sich herausgestellt, er ist ein Pfundskerl) letzte Woche zu mir: „Schön, dass Sie unzufrieden mit sich sind. Das ist ein sehr positives Gefühl. Oder haben Sie schon einmal jemanden morgens aus dem Bett springen sehen, der glücklich und zufrieden sein Leben lebt und an diesem besagten Morgen beschließt, sein Leben zu ändern? Es sind die Unzufriedenen, die die Welt verändern und erobern!"

Auch eine Sichtweise. Wie glücklich kann ich über meine Unzufriedenheit sein, denke ich sarkastisch. Doch im Nachhinein kommt mir das von Knut Gesagte gar nicht so abwegig vor.

***

Abreisetag. Es geht Richtung Heimat. In den letzten Tagen habe ich einige Dinge für mich entschieden (aus Unzufriedenheit entsteht Neues, wie wahr!):

Als Erstes werde ich meine Wohnung renovieren. Renovieren oder renovieren lassen, darüber bin ich mir nicht ganz im Klaren. Normalerweise wäre ich gar nicht auf die Idee gekommen, selbst zu renovieren. Nicht im Traum wäre mir das eingefallen. Doch wenn ich in der „Verbalen" nicht gerade durch Reden glänzte, so habe ich schon zugehört, wie andere Frauen leben und sich behaupten. Und es scheint heute gang und gäbe zu sein, nicht mehr den Männern das Terrain des Handwerkelns zu überlassen. Kann ich mir das zutrauen? Vielleicht gibt es für das erste Mal einen Mittelweg? Ich könnte versuchen, mir Hilfe für die notwendigen Arbeiten zu holen. Dabei würde ich bestimmt noch eine ordentliche Summe sparen. Ich weiß auch schon, wofür ich sie verwenden werde. Man höre und staune, ich beabsichtige, den Führerschein zu machen. Ich bin schließlich eine Frau von zweiunddreißig Jahren und will auch am Verkehr teilnehmen!

Warum gehen meine Gedanken jetzt zu Gerold und wie es ihm wohl ergeht? Er spukt immer noch in meinem Kopf herum, obwohl das Thema doch längst abgehakt sein müsste. „Schlag ihn dir endlich aus dem Kopf, Marita“, schimpfe ich mit mir selbst. Doch wie macht man das?

Matthias scheint bei mir mächtig Feuer gefangen zu haben. Fast täglich bekomme ich entweder eine Karte, einen Brief oder zumindest einen kurzen Anruf. Es tut mir und meinem waidwunden Herzen außerordentlich gut, von Matthias hofiert zu werden. Das zeigt doch deutlich, dass ich keineswegs eine alte Spinatwachtel bin, die keiner mehr will. Gerold weiß gar nicht, was er alles versäumt. Schon wieder Gerold, seufze ich. Ich bin wirklich unbelehrbar.

„Warum hast du nicht um ihn gekämpft?“ fragt mich eine Stimme aus meinem Inneren? Kämpfen? Gegen eine zehn Jahre jüngere blonde Gazelle, an der alles perfekt zu sein scheint? Das käme einem seelischen Selbstmord gleich.

Und ich will leben. Und überhaupt ist Matthias sehr nett und wer weiß, was noch aus uns beiden wird. Es wird sowieso Zeit, dass ich endlich meine Jungmädchenträume über Bord werfe. Wenn ich weiterhin hinter einer hohen Hecke auf meinen Märchenprinzen warte, der sich den Weg zu mir frei schlägt, habe ich verdammt schlechte Karten eine neue Beziehung einzugehen.

Zu Hause erwartet mich eine picobello aufgeräumte Wohnung. In meiner Aufregung vor der Abreise habe ich auf die Schnelle ein ziemliches Chaos hinterlassen. Wie hätte ich auch erwarten können, dass meine ordnungsliebende Laura acht Wochen darüber hinwegsteigen würde. Die Blumen sind während meiner Abreise tadellos versorgt worden. Eine Clivie steht zu meinem Erstaunen in schönster Blüte, was sie bei meiner Pflege noch nie tat. Auf dem Tisch steht ein wunderschöner Blumenstrauß. Anemonen. Ein Willkommensgruß, wie Lauras beigelegter Brief erklärt. Der Kühlschrank enthält die notwendigsten Dinge für die nächsten Tage, „damit du nicht gleich losrennen musst und dich somit der Alltag gleich wieder überfällt“.

Und ich dachte zu Kurbeginn, ich sei isoliert. Ich bin so gerührt, dass ich ein paar Tränen vergieße. Ich werde mir Lauras Worte zu Herzen nehmen und meine Wiederkehr genießen. Baden, schlafen, lesen, hin und wieder einen kleinen Happen essen – so lasse ich zu Hause meinen Kurlaub ausklingen. Morgen werde ich mich bei Herrn Dr. Konrad zurückmelden. Und ich habe zwei Sachen zu erledigen, wovon eine bereits mehr als überfällig ist.

Mit dem Unangenehmsten zuerst anfangen, sage ich mir am nächsten Vormittag. Das bedeutet zunächst, ich kaufe Blumen und gehe damit zu Frau Schwarze. Unterwegs überlege ich, dass ich in der Wohnung bei meinem Weggang gar nichts hörte. Vielleicht ist Frau Schwarze nicht da, frohlockt es in mir. Doch dann wäre mein Handeln nur herausgeschoben.

Frau Schwarze ist zu Hause. Sie sieht mich zwar erstaunt an, doch im Gegensatz zu unserer letzten Begegnung sehe ich nichts Abweisendes in ihrem Gesicht. Eher wirkt sie etwas verlegen.

Ganz wohl fühle ich mich in meiner Haut nicht, als ich jetzt meine Bitte um ein Gespräch äußere.

Frau Schwarze bittet mich in ein helles lichtdurchflutetes Wohnzimmer. Ich kann im ersten Moment nicht glauben, dass es sich im Prinzip um dieselbe Wohnung handelt, die ich auch besitze. Nachdenklich sehe ich mich um. Ich bin von warmen Farben umgeben, die eine fast mediterrane Stimmung verbreiten. Ich bin restlos begeistert und nehme mir nun endgültig vor, die geplanten Renovierungsarbeiten nicht mehr hinauszuschieben.

Doch ich bin nicht gekommen, um Frau Schwarzes Wohnung zu bestaunen, rufe ich mich selbst zur Ordnung.

Es wird ein zweistündiges Gespräch zwischen Frau Schwarze und mir. Frau Schwarze meint, sie habe an dem Tag als ich bei ihr mit Kuchen vor der Tür stand, wohl überreagiert. Sie habe mich vom ersten Augenblick an gemocht, deshalb sei die Enttäuschung über meinen damaligen Lebenswandel für sie besonders groß gewesen. Sie habe vor allem Mühe gehabt, Barbara, die mich auch gleich vom ersten Sehen an in ihr Herz schloss, von mir fern zu halten.

Vollkommen verwundert nimmt Frau Schwarze meinen Blumenstrauß mit meinem Dank an. Dank? Ich müsse doch sauer auf sie sein.

Ich nehme kein Blatt vor den Mund. Es fällt mir nicht leicht, mich Frau Schwarze gegenüber zu öffnen. Wie soll ich aber lernen, Mauern zwischen mir und dem Rest der Welt abzubauen, wenn ich mich nicht mal bei einer Nachbarin öffnen kann. Zumal es sich nicht um irgendeine Nachbarin handelt, sondern um eine Frau, die sich nicht gescheut hat, mir offen ihre Meinung ins Gesicht zu sagen.

Was ich weiß Gott nicht von jeder Nachbarin hier im Hause sagen kann.

So erfährt Frau Schwarze von meiner damaligen Zerrissenheit, von meiner Abhängigkeit und nicht zuletzt von meiner Therapie. An dem Punkt angekommen, wird mir doch etwas mulmig. Hoffentlich denkt sie jetzt nicht, ich wäre nicht ganz richtig im Kopf. Denn die meisten Menschen gehen mit erheblichen Vorurteilen an eine Therapie heran (wer sollte das besser wissen als ich selbst).

Aus den Augenwinkeln heraus beobachte ich Frau Schwarze. Wie wird sie reagieren?

Spontan springt Frau Schwarze auf, und ich denke bereits für mich, Marita, du hast dich doch in ihr getäuscht, sie gehört auch zu den Leuten, die voller Vorurteil auf andere herabsehen, die ihr „Leben nicht im Griff haben“, wie es so schön heißt.

Ich schäme mich für meine Gedanken, als ich den Grund für Frau Schwarzes Aufspringen erkenne. Sie nimmt mich in den Arm und sagt mit betroffener Stimme, „hätte ich das alles nur gewusst. Dann hätte ich sie sicher nicht auch noch verletzt.“

Es gelingt mir in unserem Gespräch, Frau Schwarze zu überzeugen, dass es im Gegenteil ihre Reaktion war, die mich zur Umkehr zwang.

Unser Gespräch endet mit einer langen Umarmung. Ich habe eine Freundin gewonnen, weiß ich ganz sicher auf dem Weg in meine Wohnung.

Noch eine Erledigung habe ich mir für heute vorgenommen. Doch das Gespräch mit Frau Schwarze, oder besser Margret ist sie jetzt für mich, hat mich sehr aufgewühlt und ich beschließe, mir eine lange Mittagsruhe zu gönnen, bevor ich den nächsten Plan umsetze. Nur eine Erledigung schiebe ich nicht hinaus, ich melde mich bei Dr. Konrad zurück und treffe mit ihm die nächsten Terminvereinbarungen.

Nachmittags gibt es dann kein Zurück mehr. Jetzt oder nie: ich stelle meinen Antrag in einer Fahrschule. Außer Laura und Dr. Konrad werde ich vorsichtshalber noch niemandem von meiner wahrhaft heroischen Tat erzählen. Ich bin ganz sicher, dass zumindest Heiner und Kurt, wenn auch liebevoll, versuchen werden, mich auf den Arm zu nehmen. Von wegen Gummibäume pflanzen und so fort. Ich kann mich noch gut an Kurts Reaktion erinnern, als Ute Fahrunterricht nahm: „Leute, holt die Kinder rein, Ute macht den Führerschein“, war noch so ziemlich das Harmloseste, was die Ärmste sich anhören musste.

Montags und mittwochs habe ich jetzt regelmäßig theoretischen Unterricht. Mit der ersten Fahrstunde wird es noch etwas dauern, doch das kann mir auch nur Recht sein, denn meine Mutreserven sind nach den Entscheidungen und Ereignissen des Tages aufgebraucht.

***

Um heute pünktlich zu meiner Therapiesitzung zu kommen, muss ich mich enorm sputen. Noch bin ich auf den Bus angewiesen, aber bald ...

Doch vor den Erfolg hat der Herrgott bekanntlich viel Schweiß gesetzt, und nach zweimaligem theoretischem Unterricht scheint es mir etwas vermessen, mich in meinen Tagträumen schon unabhängig am Steuer eines Autos sitzen zu sehen.

Andererseits, warum nicht? In der Kur habe ich eine Statistik in die Hand bekommen, die besagt, Menschen, die sich Tagträume gestatten, leben gesünder. Voilà!

Im Bus – den ich gerade noch erreiche, und das auch nur, weil der nette Busfahrer ein Einsehen hatte und noch mal hielt, als er mich sah – öffne ich einen Brief von Hermann, den ich noch schnell in meine Tasche steckte.

Viele liebe Grüße sendet er mir. Frau Senkstaken lässt auch herzlichst grüßen. Beide danken für meinen Brief, den ich noch vor der Kur in den Kasten warf. Sie halten sich zurzeit in Regensburg auf (warum auch immer) und werden in zwei Wochen nach Hause kommen, um zu waschen und nach dem Rechten zu sehen. Bereits eine Woche später geht es dann wieder los zu einem vierwöchigen Aufenthalt zur Blumeninsel Madeira.

Kurz gibt es mir einen kleinen Stich ins Herz bei dem Gedanken: Das alles erlebt Hermann nun mit Frau Senkstaken und nicht mit Mutter. Doch wenn ich ehrlich zu mir bin, muss ich mir auch eingestehen, dass Mutter dieses Leben hätte haben können, wenn sie nur gewollt hätte. Hermann hätte ihr den Himmel zu Füßen gelegt, so weit habe ich ihn kennen gelernt. Doch Mutters offensichtliche Abneigung gegen alles was sich außerhalb ihres Alltags abspielte, verbunden mit einer gehörigen Portion Bequemlichkeit, ließen solche Unternehmungen nicht zu.

Nein, es ist schon gut und richtig, dass Hermann jetzt sein Leben in vollen Zügen genießt, da bin ich mittlerweile ganz sicher.

In der heutigen Sitzung dreht sich zunächst natürlich alles um die Kur. Die unterschiedlichsten Gedanken gehen mir durch den Kopf und ich kann mich nicht entscheiden, was ich zuerst besprechen möchte.

Es fiel mir in der Kur auf, wie wenig kontaktfähig ich bin. Wie viel Angst ich immer noch vor Nähe habe – obwohl mein Wunsch danach besteht. Durch meinen Kopf ziehen Gedanken über eine eventuelle Berufstätigkeit, und nicht zuletzt gibt es noch meinen Liebeskummer um Gerold. Ach ja, und dann ist da noch Matthias.

Dr. Konrad nimmt mir die Entscheidung ab, indem er mich bittet, mir bis zur nächsten Sitzung einen großen Stein zu suchen, der noch in eine Einkaufstasche passt. Der Stein soll etwas an sich haben, was mich an meine Mutter erinnert.

Kurz sprechen wir noch über Matthias. Prüfend schaut Dr. Konrad mich an. „Oh nein, nicht was Sie denken. Matthias und ich sind nur Freunde. Nächstes Wochenende besucht er mich.“ Der skeptische Blick Dr. Konrads ruht weiter auf mir.

Matthias Kuss fällt mir ein. „Na ja, räume ich ein – vielleicht ein bisschen mehr.“

Das Wochenende mit Matthias vergeht wie im Fluge. Die Tage und Abende verbringen wir gemeinsam. Nachts schläft Matthias im leeren Haus von Hermann. Mit Ausnahme einiger kleiner scheinbar zufälliger Berührungen gibt es an diesem Wochenende keine körperlichen Begegnungen. Matthias begleitet mich bei der Suche nach einem Stein, der mir für die von Dr. Konrad gestellte Aufgabe richtig erscheint. Am Sonntagmorgen ist es dann soweit. Ich befreie einen gesprenkelten Stein mit vielen kleinen Einkerbungen notdürftig mit einem Taschentuch von seinem gröbsten Dreck und lege ihn in Zeitungspapier eingewickelt in meinen extra dafür mitgenommenen Tragebeutel. Matthias fragt, „und nun? Was soll nun damit passieren?“ Ich kann die Frage nicht beantworten, weil ich es selber nicht weiß.

Der Abschied von Matthias am Sonntagabend macht mich traurig. Es ist schön, die Freizeit mit einem Freund zu verbringen. Allerdings kann ich zum jetzigen Zeitpunkt die Beziehung nicht einschätzen. Zeitweise kommt es mir so vor, als ob Matthias mehr als Freundschaft für mich empfindet. Vor allem, wenn er sich unbeobachtet fühlt, ruht sein Blick liebevoll auf mir. Wie meine Gefühle Matthias gegenüber sind, kann ich ebenfalls nicht sagen. Nur so viel weiß ich, es ist angenehm, mit ihm zusammen zu sein. Auf große Leidenschaft, die mich kopflos in seine Arme treiben lässt, kann ich allerdings nicht zurückgreifen.

In die nächste Sitzung nehme ich den Tragebeutel mit dem Stein hinein. Ich packe den inzwischen gesäuberten Stein aus und erkläre Dr. Konrad, warum gerade dieser Stein mich an meine verstorbene Mutter erinnert. Er hat keine polierte Oberfläche, sondern ist eher rau. So war Mutter auch. Auch die kleinen Kanten, bei denen man vorsichtig sein muss, um sich nicht zu ratschen, passen zu dem Bild, das ich von ihr habe. Selbst die gesprenkelten Punkte erinnern mich an sie. Sie geben dem Stein, je nach Lichteinfall, ein wechselndes Aussehen. Die kleinen Einkerbungen im Stein? Ich glaube, auch Mutter konnte in ihrem Inneren auf viele kleine Kerben, die für mich gleich bedeutend für kleinere und größere Verletzungen stehen, blicken.

Dr. Konrad scheint höchst zufrieden. „Sie haben sich wirklich sehr mit der Aufgabe, die ich Ihnen gestellt habe, auseinander gesetzt, Marita."

Doch nun kommt er zu dem eigentlichen Auftrag. In zwei Wochen haben wir unsere nächste Sitzung. Bis dahin soll mich der Stein in der Tasche vierundzwanzig Stunden am Tag begleiten. Wenn ich einkaufen gehe, nehme ich den Stein mit; wenn ich jemanden besuche, nehme ich den Stein mit. Selbst wenn ich aus dem Bett komme und zum Klo gehe, wird der Stein dabei sein. Egal ob ich wandern oder von der Küche auf den Balkon gehen würde, nie werde ich in den kommenden zwei Wochen ohne meinen Stein sein. Innerhalb der Wohnung genauso, wie außerhalb des Hauses.

Zunächst empfinde ich diese Aufgabe nicht als besonders schwer, sondern betrachte sie eher als witzig. Doch das ändert sich ganz schnell. Bereits nach zwei Tagen habe ich die Nase bis oben hin gestrichen voll (im wahrsten Sinne des Wortes: Ich habe einen Schnupfen) und verfluche erst Dr. Konrad, dass er mir so eine unsinnige Aufgabe übertrug, dann mich, dass ich blöd genug war, mich darauf einzulassen.

Die vereinbarte Aufgabe abzubrechen, einfach so, kommt mir zwar auch in den Sinn. Da ich aber eine Vereinbarung getroffen habe, lässt meine Gewissenhaftigkeit das nicht zu. Das gehört einfach zu meinem Naturell. Was nützt es mir, den Stein (sprich Mutter) loszuwerden, wenn mich dann ein schlechtes Gewissen drückt, nicht eingehalten zu haben, was ich versprach. Und ich müsste mich sehr täuschen, wenn Dr. Konrad das nicht auch weiß.

Sechs Tage halte ich durch, dann habe ich endgültig genug von der Plackerei. Gestern musste ich mich auf dem Weg zum Zahnarzt mit dem Monstrum abschleppen, anschließend zu den ohnehin schwer bepackten Einkaufstaschen ihn auch noch tragen. Ein kurzer Besuch bei Laura im fünften Stock gibt mir den Rest. Ich habe genug! Diesen Stein mag in Zukunft schleppen, wer will. Ich jedenfalls nicht mehr! Aus und Ende!

In dieser Stimmung rufe ich Dr. Konrad an und bitte um Vorverlegung des nächsten Termins. Kann es sein, dass dieser Mensch bereits auf meinen Anruf gewartet hat? So kommt es mir jedenfalls vor.

Am nächsten Tag gehe ich – zum letzten Mal! – mit meinem Stein spazieren. Ich bin wild entschlossen, mich in der Sitzung ein für allemal von ihm zu trennen. Dr. Konrad hat geschafft, was mir bis dato gar nicht so klar war: Ich schleppe Mutter wie ein Last mit durch mein Leben. Wo ich gehe und stehe, ist auch Mutter. Ihr Tod hat die Situation eher noch verschärft als zu ihren Lebzeiten. Wie kann ich mich als erwachsene Frau frei bewegen, wenn ich immer und ewig mit so einem Monstrum herumlaufe? Ich will mich befreien und zwar jetzt und heute!

So motiviert beginnt für mich die heutige Sitzung. An Dr. Konrads Grinsen, als er mich mit meinem Stein (pardon, mit meiner Mutter) hereinkommen sieht, merke ich, meine Vermutung – der hat genau gewusst, was er mit seiner Aufgabe anrichtet – war richtig. Ich halte mich nicht mit langen Vorreden auf, sondern sage ihm klipp und klar: Ich will meine Mutter loswerden! Ein für allemal. Jetzt und heute.

„Na, Prima. Das wird auch Zeit.“ Das ist der einzige Kommentar, den mein Gegenüber abgibt.

Den Rest der Stunde verbringen wir mit Überlegungen, wie ich endlich meine Freiheit bekommen kann. Ohne Altlasten, die letztendlich niemandem etwas nützen (Mutter schon gar nicht), in die Zukunft gehen kann. Das scheint mir ein wundervolles Ziel zu sein.

Dr. Konrad schlägt vor, ich solle Mutter einen Brief schreiben. Oder besser noch, viele Briefe. Bis ich für mich das Gefühl habe, jetzt ist alles gesagt, was ich immer schon Mutter sagen wollte.

Ich habe während meiner Therapie erlebt, dass Dr. Konrad immer für eine Überraschung gut ist. Aber Briefe an eine Tote? Das scheint mir doch ein wenig weit hergeholt. Zu meiner eigenen Verwunderung stimme ich zum Ende der Sitzung zu. Vielleicht, weil ich bisher noch nie von Dr. Konrad enttäuscht wurde. Viele Male war ich zwar ärgerlich auf ihn oder habe ihn zunächst gar nicht verstanden, im Nachhinein kam für mich aber immer etwas Positives heraus, wenn ich mich auf seine Gedanken einließ.

Und ich schreibe. Nicht einen oder zwei Briefe, sondern sage und schreibe siebenundzwanzig! Ich hätte nie für möglich gehalten, dass so viel Ungesagtes in mir brodelt. Zwar ist mir in den letzten zwei Jahren längst bewusst geworden, dass viel Ungeklärtes zwischen Mutter und mir steht, doch das es so ein Ausmaß annimmt, haut mich fast um.

Die ersten Briefe strotzen vor Vorwürfen. Zeitweise denke ich dabei, das sind doch alles alte Kamellen. Ich halte mich in solchen Momenten an Dr. Konrads Worten fest, dass manche Dinge eben so oft gesagt (oder geschrieben) werden müssen, bis sie klar sind.

Ich schreibe und schreibe. Matthias wird von mir telefonisch und brieflich hingehalten. Ich kann ihn jetzt nicht brauchen, merke ich. Nicht, bevor ich meine Beziehung zu Mutter geklärt habe. Ich will diesen Stein, der mal auf meinen Schultern, mal auf meinem Herzen lastet, nicht mehr mit mir herumschleppen. Auch auf andere Verabredungen verzichte ich vorübergehend.

Zeitweise vergesse ich die normalen Grundbedürfnisse des Menschen, wie essen, trinken und schlafen. Selbst das Klo suche ich nur auf, wenn der Druck zu groß wird.

In meine Briefe tritt fast unmerklich etwas Neues. Ich bin es müde und leid, ständig Vorwürfe an Mutter zu richten. Da muss doch auch noch etwas anderes zwischen uns gewesen sein. Das Gesicht Mutters schiebt sich beim Schreiben immer mehr vor mein geistiges Auge. Ich sehe Mutter, wie sie mich als Kind auf den Knien wiegt und mir Lieder vorsingt. Ich sehe Mutter, Vater, Heiner und mich ausgelassen durch die Hamburger Wohnung toben.

Längst vergessen geglaubte Bilder steigen in mir auf. Und auf einmal weiß ich mit hundertprozentiger Sicherheit: Mutter hat mich geliebt. So geliebt, wie sie einen

Menschen lieben konnte. Mehr als sie mir gab, hatte sie nicht zu geben. Ich erinnere mich an die alten Geschichten, die Mutter mir von den Großeltern erzählte und von ihrem Leben vor dem Krieg. Danach muss Mutter (vielleicht durch das überbehütende Elternhaus) absolut unselbstständig gewesen sein, als sie ihre Eltern verlor. Nur selten sprach Mutter von dem Verlust ihrer Familie und wenn, dann mit verbitterter Stimme. Früher ist mir diese Verbitterung gar nicht aufgefallen.

Wie könnte ich weiterleben, wenn ich von einer Sekunde zur anderen die von mir geliebten Menschen verlieren würde? Entsetzen schüttelt mich. Alptraumartig, denke ich. Wie sollte ich unter solchen Umständen noch einmal mein Herz an einen Menschen hängen, immer mit der Angst, vielleicht wieder die entsetzlichen Schmerzen erleben zu müssen, die der Abschied von geliebten Menschen mit sich bringt.

An diesem Punkt höre ich mit dem Schreiben an Mutter auf. Ich weiß jetzt, ich bin kein schlechter Mensch gewesen, der es nicht verdiente, von seiner Mutter geliebt zu werden, sondern Mutter hatte die Verluste des Krieges nie verwunden. Schmerzlich bewusst wird mir an diesem Abend, wie sehr auch ich, obwohl nach dem Krieg geboren, ein Opfer des Krieges wurde. Meine Großeltern habe ich weder mütterlicherseits noch von Vaters Seite aus kennen lernen können. Ich bin um meine Wurzeln betrogen worden. Wie aber soll ein Mensch ohne Wurzeln lebensfähig sein?

In meine Gedanken hinein schleicht sich das Bild eines Baumes. Ohne Wurzeln ist er tot. Seine Nährstoffe bezieht er durch sie, und selbst ein starker Sturm kann ihm nichts anhaben, wenn er fest und stark verwurzelt ist.

Ich weine die ganze Nacht hindurch. Am nächsten Morgen bin ich endgültig entschlossen, heute noch das Schreiben einzustellen. Ich füge dem letzten Brief noch ein Schlusswort hinzu:

Liebe Mutter, ich fühle, dass ich jetzt von Dir Abschied nehmen kann. Meine Beziehung zu Dir hat alle Stadien durchlaufen, die sich ein Mensch vorstellen kann. Es gab Zeiten, da liebte ich Dich mehr als jeden anderen Menschen auf der Welt. Dasselbe gilt auch für meinen Hass. Niemals habe ich einen Menschen mehr gehasst als Dich. Für das, was du mir vorenthieltest, wie ich damals annahm. Heute endlich kann ich Dich loslassen. Du hast Dein Leben gelebt, wie Du es für Dich für richtig hieltest. Und ***ich bin ich****. Ich bin eine 32-jährige Frau. Ich bin für mein Leben, das vor mir liegt, selbst verantwortlich, so unbequem das auch sein mag.*

In Liebe, Marita.

***

Ich bringe den Riesenberg Geschriebenes nicht mit in die Sitzung. Wir besprechen, was damit geschehen solle und ich entscheide, dass ich mich davon trennen will. Dr. Konrad unterstützt meinen Wunsch.

„Aber bitte nicht ab damit in den nächsten Abfalleimer, Marita. Wenn Sie sich davon trennen, dann bitte mit einem Ritual, das Ihrer Seele zeigt, hier ist ein Schluss-Strich gezogen worden – jetzt fängt ein neuer Lebensabschnitt an."

Ein wenig wird es noch dauern, bis ich mich auf das vorgeschlagene Ritual einlassen kann, denn in der nächsten Woche ist Stress angesagt. Die Führerscheinprüfung naht. Ganz sicher, ob das mein wirklicher Beweggrund für das Herausschieben ist, könnte ich im Moment auch nicht sagen. Will ich vielleicht doch noch ein wenig den Abschied von Mutter und damit von meiner Kindheit herauszögern?

***

Den Führerschein habe ich in der Tasche. Ich darf am Verkehr teilnehmen! Es steht also nichts im Weg, Matthias für das kommende Wochenende einzuladen. Begeistert nimmt er an. Diesmal schläft er nicht in dem verwaisten Haus von Hermann, denn wie gesagt, ich habe den Führerschein ...

Matthias ist es dann auch, der mir bei meinem Abschiedsritual beisteht. Ich fahre mit seinem Auto (übrigens meine erste Autofahrt, die ich alleine unternehme) über den Ortsrand hinaus. Ich suche nach einem ruhigen Plätzchen, an dem ich mich unbeobachtet fühle.

Es dauert nicht lange, bis ich einen Ort gefunden habe, der mir für das, was ich vorhabe, zusagt. Ich hole aus dem Kofferraum den dort verstauten Spaten und buddle ein Loch, ungefähr 50 Zentimeter tief. Hier hinein kommt mein gesprenkelter Stein. Dann zerreiße ich Brief für Brief und lege auch die Schnipsel in das Loch. Es vergeht eine halbe Stunde, bis der letzte Brief in der Erde liegt. Ich fühle mich wie ausgelaugt, und meine Hände schmerzen vom Zerreißen des Papiers. Nun die Erde über die Briefe in die Kuhle – und fertig. Der Schweiß läuft mir über mein Gesicht. Ist es die körperliche Anstrengung? Egal – jetzt nach Hause, wie vereinbart. Matthias öffnet mir die Tür und sieht mich fragend an. Ich nicke, der erste Teil des Rituals ist erfüllt. Jetzt kommt der weitaus angenehmere. Das Reinigungsritual! In aller Ruhe nehme ich ein ausführliches Bad, creme meinen Körper von Kopf bis Fuß mit einer wohlriechenden Lotion ein und schlüpfe in ein vorher zurechtgelegtes korallenrotes Kleid aus weichem Mousselinstoff.

Matthias steht festlich gekleidet wartend am Wohnzimmerfenster und stößt einen kleinen Pfiff aus, als ich das Zimmer betrete. Ich sonne mich in seiner Bewunderung. Ach, tut das gut. Unter seinen anerkennenden Blicken wird mir ganz warm ums Herz.

Jetzt zum letzten Teil meines Rituals. Zum Neubeginn! Etwas Schönes sollte ich mir für diesen Teil aussuchen. Und so finden Matthias und ich uns fünfundvierzig Minuten später an einem festlich gedeckten Tisch im „Zillertal“ wieder.

Matthias übernimmt alles Weitere. Ich brauche mich nur zurückzulehnen und zu genießen, was er bestellt.

Wir sind gerade bei der Vorspeise angekommen, als sich ein wohliges Gefühl in meinem Körper ausbreitet. Ich fühle mich wie neugeboren. Die alte Last ist begraben und vergessen, im wahrsten Sinne des Wortes. Alle Anspannung der letzten Zeit weicht, und ich muss aufpassen, dass ich vor lauter Wohligkeit nicht in diesem supervornehmen Lokal einschlafe.

Ich genieße nicht nur das Essen und die phantastische Atmosphäre, sondern auch Matthias Gegenwart. Er strahlt eine Ruhe aus, die sich auch auf mich ausweitet. Matthias ist mir mittlerweile so vertraut, als kennten wir uns schon eine Ewigkeit. Hin und wieder höre ich von ihm auch Neuigkeiten über Gerold. Kleinigkeiten, Alltagsgeschehnisse – nichts Großes. Ich frage auch nicht, wie die Beziehung zwischen Gerold und Clarissa läuft. Die beiden werden sich schon zusammenraufen. Beide lassen mich über Matthias hin und wieder grüßen und ausrichten, sie würden sich über einen Besuch von mir in Bremerhaven sehr freuen. Auch Matthias möchte sich gerne in seiner Heimatstadt von mir besuchen lassen und drängt auf mein Kommen. In den höchsten Tönen schwärmt er von Bremerhaven. Wir vereinbaren, dass ich ihn besuchen komme, wenn ich mir mein Auto gekauft habe. Die erste Fahrt soll dann zu ihm in die Seestadt gehen. Doch erst muss das Auto her. Klein soll es sein, kosten darf es nicht viel, und vor allem rot muss es sein.

Matthias nimmt extra ein paar Tage Urlaub, um mit mir

durch die Gegend zu fahren und nach solch einem fahrbaren Untersatz zu suchen. In den höchsten Tönen lobt er einen Renault, der richtig schnieke aussieht und auch preislich meinen Vorstellungen entspricht. Doch rot ist er nicht. Also kommt er auch nicht in Frage. Matthias rauft sich die Haare: „Mensch, Marita, das kann nicht dein Ernst sein. Da kannst du so ein gutes Schnäppchen machen und lässt es dir entgehen. Das Auto ist in einem Topzustand. Es hat nur wenig Kilometer runter, und auch der Preis kann sich sehen lassen. Ich verstehe dich nicht.“ Matthias schüttelt den Kopf.

Stimmt alles, aber es ist nicht rot. Und ich habe mir nun mal in den Kopf gesetzt, dass das die angemessene Farbe für mein erstes Auto ist. Aber erkläre das mal einem Mann.

Am nächsten Tag werden wir endlich fündig. Ein VW-Käfer erobert mein Herz. Matthias redet mit dem Händler über den Preis und so unwichtige Dinge wie technische Daten, TÜV, usw. Natürlich ist er rot, und zu meiner größten Freude besitzt er ein Stoffdach, das sich nach hinten wegklappen lässt. Ich bin selig! Matthias gibt seine Skepsis erst auf, als er neben mir in die Polster fällt. „Ich kann wohl jetzt sagen, was ich will, Marita, wenn du dir etwas in den Kopf gesetzt hast, können dich keine zehn Pferde davon abbringen. Ich gebe es auf“, scherzhaft seufzend lehnt er sich zurück, und wir können mit der Probefahrt beginnen.

Mit dem Händler wird die Übergabe des Autos für übermorgen vereinbart. Mein erstes Auto! Ich kann es immer noch nicht glauben. Kommt es mir nur so vor, oder streckt sich mein Rücken etwas gerader? Sind meine Schultern nicht weniger nach vorne gebeugt? Stolz werfe ich meinen Kopf in den Nacken. Ich darf am Verkehr teilnehmen!

An diesem Abend beschließen Matthias und ich, dass wir zusammen unseren Urlaub verbringen werden. Matthias möchte mir seinen Vater vorstellen, der in Lörrach wohnt. Klasse, nur 200 Kilometer weiter wohnt Sigrid. Das ist die Gelegenheit, sie wiederzusehen, freue ich mich. Matthias erklärt sich mit dem Abstecher sofort einverstanden. Er ist einfach ein Schatz, stelle ich immer wieder fest. Und so wird von uns vereinbart, dass es am 12. Juli losgehen soll. Elf Wochen sind es bis dahin noch. Matthias schließt mich zum Abschied in seine Arme. „Das ist eine zu lange Zeit, Marita, solange kann ich nicht auf dich verzichten. Du musst unbedingt zwischendurch nach Bremerhaven kommen. Jetzt, wo du ein eigenes Auto hast, lasse ich keine Ausrede mehr gelten."

Zur nächsten Sitzung fahre ich selbstverständlich mit meinem Käfer. Ich parke so vor dem Haus, dass Dr. Konrad von seinem Fenster aus einen Blick auf mein Schmuckstück werfen kann. Doch was ist das? Der Mann ist ja richtig fassungslos. Gut, ich weiß ja, dass mein „Stanislaus" einen in seiner ganzen Schönheit umhauen kann, doch von Dr. Konrad hätte ich so eine Reaktion nicht erwartet.

Des Rätsels Lösung: Auf der Straße parkt auch das erste Auto von Dr. Konrad. „Ist Ihnen denn mein Name gar nicht aufgefallen?" Einer der neun Vorbesitzer hieß tatsächlich Konrad, fällt mir jetzt ein. Doch ich habe keine Verbindung zu meinem Therapeuten gesehen – Konrad heißen schließlich viele. Damit ist die Sitzung für den heutigen Tag beendet: Fast verliebt streichelt Dr. Konrad über den betagten Lack und betastet eine kleine Beule am hinteren rechten Kotflügel. „Die muss ich mir anlasten", kommt von ihm, „damit habe ich bei meiner ersten Ausfahrt eine Mülltonne gestreift, eigentlich ein typischer Frauenunfall." Ein kurzer Seitenblick auf mich zeigt ihm, dass diese Aussage von ihm nicht so toll war. Ein Mann mit Vorurteilen, durchzuckt es mich, wer hätte das gedacht. Die Entschuldigung folgt auf dem Fuße. Wir steuern das einzige Cafe des Städtchens an, und Dr. Konrad muss den Eisbecher zahlen. Strafe muss sein.

Eine Sitzung verabreden wir noch für die nächste Woche, danach wird eine lange Pause von drei Monaten eintreten. Nach Dr. Konrads Einschätzung neigt sich meine Therapie bei ihm dem Ende zu. So ganz kann ich mich seiner Meinung allerdings nicht anschließen. In meinem Inneren scheinen mir noch viele unbearbeitete Sachen zu schmoren, die eigentlich noch angeschaut werden müssten. Dr. Konrad stimmt mir zwar zu, dass noch viele innere Aufräumungsarbeiten zu leisten wären, meint jedoch, das solle ich mal schön alleine machen. Seine Sichtweise ist, jeder Mensch wird im Laufe des Lebens immer wieder mit Konflikten und Problemen behaftet sein. Das gelte auch für mich. Ich könne nicht ständig bei dem kleinsten Pups, der mir quer sitzt, nach Hilfe schreien. Entscheidend für mich sei (das gelte für andere Menschen ebenso), dass ich die gravierendsten Probleme für mich lösen kann. Auch wenn ich mit meiner Harmoniesucht am liebsten alles schön glatt und rund hätte, so wird ein solches Leben Utopie bleiben. „Außerdem“, so Dr. Konrad, „wenn Sie gar keine Probleme oder Stress hätten, so wären Sie tot.“ Dann doch lieber etwas problematischer, denke ich, und nehme mir vor, mich von meinen harmonischen Träumen zu verabschieden.

***

Der letzte Termin vor unserer vereinbarten Pause ist gekommen. Erika ist seit einiger Zeit in meinen Gedanken ein zentrales Thema geworden. Natürlich weiß ich, dass mir nichts, aber auch gar nichts Erika zurückbringen kann. Sie ist unwiderruflich tot.

Dr. Konrad fördert meine Auseinandersetzung mit diesem wichtigen Ereignis meiner Kindheit. Es wird eine harte Stunde, in der viele bisher in mir fest verschlossenen Tränen fließen. Ich frage mich, welche Folgen Erikas Tod für meinen weiteren Lebensweg hatte.

Gemeinsam arbeiten wir heraus, dass Erikas Tod und der für mich damit verbundene Abschied ausschlaggebend für meine jetzige Umgehensweise mit Freundschaften ist. Nie wieder, selbst nicht nach Jahren mit Laura, konnte ich mich so sehr auf eine Freundschaft einlassen, wie damals mit Erika. Nie wieder, so beschloss mein damals kleines siebenjähriges Herz, wollte ich noch einmal diesen Schmerz und das grenzenlose Gefühl des Alleingelassenwerdens verspüren. Stattdessen lieber Distanz halten, die es mir ermöglicht, Beziehungen zu kontrollieren.

Die Therapiestunde endet mit einer Abmachung, die ich mir nie im Leben hätte träumen lassen. Ich werde am morgigen Tag nicht nach Bremerhaven fahren, sondern die Fahrt noch um einen Tag hinausschieben. Zuerst habe ich hier vor Ort noch etwas zu erledigen: Ich werde Erikas Grab besuchen. Im Nachhinein ist es für mich unfassbar, dass ich noch nie in den vergangenen Jahren Zeit dazu gefunden habe. Wenn ich zu mir selbst ganz ehrlich bin, muss ich mir eingestehen, nicht einmal der Gedanke ist mir gekommen. Vielleicht wäre es damals ganz gut gewesen, wenn ein Erwachsener mit mir zu Erikas Ruhestätte gegangen wäre.
Müßig, darüber jetzt noch zu sinnieren. Die Hartnäckigkeit von Dr. Konrad, die ich in den vergangenen zwei Jahren oft genug zu spüren bekommen habe, ist heute besonders ausgeprägt. Er nagelt mich nicht nur auf den Tag fest, an dem ich zum Friedhof gehen werde, sondern auch noch auf die Uhrzeit, an der ich losgehen werde. „Sie wissen doch, Marita, jeder hat einen Schweinehund in sich, der ihm sagt, ach, das kannst du ja auch noch an einem anderen Tag machen. Wenn Sie hier mit mir die Abmachung getroffen haben, morgen um elf Uhr gehen Sie zum Friedhof, dann weiß ich, dass ihre Gewissenhaftigkeit es nicht zulassen wird, die getroffene Entscheidung herauszuschieben.“

Die Nacht verbringe ich mehr aufrecht im Bett sitzend als schlafend. Ich fühle mich wieder wie das kleine Mädchen, das einen Verlust erlitten hat und ihn einfach nicht fassen kann.

Vieles wird mir in diesen ruhigen Nachtstunden, in denen mich nichts von außen ablenkt, klar. An dem Tag, an dem ich von Erikas Tod erfuhr, erlosch mein Glaube an einen „lieben Gott“. Ich erinnere mich an meine Verzweiflung, in der kein Platz mehr für Gebete war. Es konnte nur eine dunkle erbarmungslose Macht sein, die über uns Menschen herrschte. Denn wie hätte ein gütiger Gott mir so viel Schmerzen zufügen können?

Wäre mein Leben anders verlaufen, wenn mich mein Glaube in das Erwachsenenleben weiter hätte begleiten können?

Spöttisch habe ich in den letzten Jahrzehnten die Menschen belächelt, die sonntags in die Kirche rennen und in ihrem Glauben an Gott ihr Heil suchen. Jetzt muss ich mir eingestehen, wie heiß ich sie um ihren Glauben in der Vergangenheit beneidet habe. Wie viel Halt hätte es mir gegeben, wenn etwas da gewesen wäre, an das ich hätte glauben können.

Die vereinbarte Zeit, elf Uhr, naht. Ich mache mich ausgehfertig, obwohl mein Herz bis zum Halse klopft. Dr. Konrad hat wieder einmal Recht behalten. Hätten wir diese Vereinbarung nicht für heute, elf Uhr, getroffen, so würde ich mit Sicherheit einen Vorwand finden, nicht zu gehen.

***

Ich komme wieder einmal zu spät. Erikas Grab existiert nicht mehr.

In endlosen Listen blättert der Verwalter, bis er mir Auskunft geben kann. Erikas Grab wurde nach fünfundzwanzig Jahren vor fünf Monaten eingeebnet, weil keine Angehörigen mehr an einem Fortbestand interessiert waren. Ich bin fassungslos.

Nachdem ich das Gehörte einigermaßen verdaut habe, entschließe ich mich, in die kleine Kapelle des Friedhofes zu gehen, eine Kerze für Erika anzuzünden und dort im Gebet von ihr Abschied zu nehmen.

Es sind höchstens zehn Minuten vergangen, als sich in mir das Gefühl ausbreitet: „Ich will hier raus. Ich will Sonne und Licht, ich will atmen können – ich will leben!“

Mein Abschied von Erika gestaltet sich nun ganz anders, als ich ihn mir vorgestellt habe. Kein Grab, an dem ich weine, keine Kirche, in der ich sitze und bete. Stattdessen mache ich einen langen Spaziergang über den Friedhof. Das Rauschen der Bäume nimmt mich gefangen. Schmetterlinge flattern von Blüte zu Blüte. In den Zweigen sitzen eine Unmenge Vögel und zwitschert fröhlich vor sich hin. In mir breitet sich ein Gefühl der Ruhe und der Zufriedenheit aus. Ganz tief kann ich hier atmen.

Dieses Gefühl verlässt mich auch nicht, als ich vor Rüdigers Grab stehe. Ich trage ihm nichts mehr nach. Unsere schlechte Beziehung war nicht seine Schuld, sondern ergab sich aus unserer beider Lebensgeschichten.

Ich schließe die Friedhofstür und verspüre eine unbändige Sehnsucht nach Leben in mir. Ich bin verliebt. Verliebt in das Leben. Am liebsten möchte ich tanzen, weil ich nicht weiß, wohin mit meiner Lebensfreude.

Ich werde mit meiner Fahrt nach Bremerhaven nicht bis morgen warten. Rasch packe ich ein paar Sachen zusammen und sitze bereits am frühen Nachmittag auf Stanislaus Polstern.

Matthias ich komme! Ich freue mich auf dich und auf die Tage mit dir! Ich freue mich über meine Selbstständigkeit, die es mir erlaubt, am Steuer meines kleinen roten Autos zu sitzen. Und überhaupt, was kostet die Welt? Welt, ich komme! Was stört es mich, dass das Radio bereits nach einer Stunde seinen Geist aufgibt. Schließlich habe ich eine Stimme und kann selber singen.

Es ist bereits weit nach Mitternacht, als ich nach zwei ausgiebigen Pausen Bremerhaven erreiche. Zwischendurch kam mir schon mal der Gedanke, es wäre ganz gut, Matthias von meiner Ankunft zu unterrichten. Doch in meinem Hoch der Gefühle bin ich sicher, Matthias ist zu Hause. Und wenn nicht, werde ich die Situation auch meistern. Ich weiß zwar noch nicht wie, doch irgendetwas wird mir schon einfallen.

Ganz leise und verstohlen sagt eine innere Stimme, „und dann ist da ja auch noch Gerold, der dir bestimmt Unterschlupf gewähren würde."

Pfui, Marita, sei dankbar, dass du Matthias getroffen hast. So einen Mann, der versucht, dir die Welt zu Füßen zu legen, findest du so schnell nicht wieder.

Aus Matthias Bemerkungen weiß ich, wie gerne er mit mir den weiteren Lebensweg planen möchte. Auch ich kann mir ein Leben ohne Matthias nicht mehr vorstellen. Obwohl...? Irgendetwas hält mich immer noch zurück, mich auf seine Zukunftspläne einzulassen.

Matthias wünscht sich von Herzen Kinder. Stimmt das nicht auch mit meinen Wünschen überein? Lange Zeit habe ich den Gedanken an Kinder nicht mehr für mich zugelassen und als abgeschlossenes Kapitel betrachtet. Je mehr sich aber mein physischer und psychischer Zustand verbessert, je größer wird der Kinderwunsch in mir.

Wie sagte Matthias, acht Jahre älter als ich, bei unserem letzten Beisammensein: „unsere biologische Uhr tickt."

Matthias hat mir einen Stadtplan geschickt, und so erreiche ich nach nur einmaligem Verfahren das Hochhaus, in dem Matthias wohnt. Die Stadt scheint wie ausgestorben, und ich bin nun doch heilfroh, dass bereits nach dem ersten Klingeln Matthias Stimme verschlafen durch die Sprechanlage dringt. Schlagartig wird er munter als er hört, wer vor seiner Haustür steht. Ich höre nur noch einen Jubelschrei, und eine Minute später steht Matthias vor mir und wirbelt mich durch die Luft.

„Dann ist es kein Wunder, dass ich dich zu Hause nicht an das Telefon kriege. Weißt du eigentlich, welche Sorgen ich mir um dich gemacht habe, Marita?“ Schön kuschelig und warm ist es in Matthias Armen. Bei ihm kann sich eine Frau geborgen fühlen!

***

Die fünf Tage, die ich für meinen Besuch bei Matthias vorgesehen habe, vergehen wie im Flug. Matthias schleppt mich zum Radarturm, zum Schifffahrtsmuseum und in den Hafen. Abends habe ich das Gefühl, meine Füße sind von Tag zu Tag runder geworden. Deshalb kann ich Matthias Bedauern, mir an meinen letzten beiden Urlaubstagen nicht mehr zur Seite stehen zu können, da die Arbeit ruft, nicht teilen. Meine Erleichterung sieht er mir wohl an, und ich entdecke eine neue Seite an Matthias, die ich bisher noch nicht kannte. Er kann ganz schön beleidigt sein und schmollen. Wer hätte das gedacht!

Ich genieße die mir noch verbleibenden zwei Urlaubstage, indem ich morgens lange schlafe, in Ruhe frühstücke und dann stundenlang mit einem Buch am Deich sitze. Immer gibt es dort etwas zu sehen. Ich beobachte, wie die Fähren an- und ablegen. Wie die Schiffe die Wesermündung entlangfahren und die Schlepper auslaufen. Zum Lesen bleibt dabei kaum Zeit. Als ich am zweiten Tag mein Buch zuklappe, stelle ich fest, nur ganze sieben Seiten habe ich gelesen.

Den letzten Abend in Matthias Heimatstadt verbringen wir nicht allein. Gerold und Clarissa sind zum Essen eingeladen. Matthias entpuppt sich als ausgezeichneter Hobbykoch. Erstaunlich, wie viel gute Seiten es an ihm gibt, die ich erst nach und nach kennen lerne. Ich beschließe für mich, nach dem Urlaub Matthias meine Zustimmung für eine gemeinsame Wohnung zu geben. Und heiraten? Vielleicht. Ich kann meine alten Erfahrungen mit Rüdiger zwar über den Kopf hin als erledigt ansehen. Doch der Bauch rumort immer noch, wenn ich an Hochzeit und die Unwiderruflichkeit der Beziehung denke. Welch Widerspruch, ich bin es doch, die gerade in letzter Zeit eine beständige Verbindung, in der ich mich wohl und geborgen fühle, anstrebt. Die vor allen Dingen aus dieser Beziehung auch Kinder haben möchte. Ist das nicht viel verbindender als ein Trauschein?

Matthias Stimme holt mich aus meinen Zukunftsgedanken. Der Salat muss noch einmal durchgemischt werden. Zehn Minuten später klingelt es an der Tür, und mit einer Flasche Wein steht Gerold vor der Tür. Clarissa kann nicht kommen, beantwortet er unsere fragenden Blicke. Irre ich mich, oder tauschen Matthias und Gerold einen wissenden Blick aus, der mich für einen Moment zu einer Außenseiterin werden lässt?

Dieser Eindruck verfliegt jedoch sehr schnell, als wir in ausgelassener Runde beisammen sitzen und uns die von Matthias vorzüglich zubereitete Mahlzeit schmecken lassen. Wir sind so albern, dass ich mich zeitweise in meine Teenie-Zeit zurückversetzt fühle. Gerold scheint unter Clarissas Abwesenheit in keinster Weise zu leiden. Eine Frage nach Clarissas Befinden weist er so schroff zurück, dass ich mich für einen Augenblick verletzt zurückziehe. Die

Heiterkeit des Abends ist mit einem Schlag verschwunden. Matthias versucht noch, mich gestikulierend zum Schweigen zu bringen, indem er seinen rechten Zeigefinger auf seine Lippen legt, doch mir platzt der Kragen. Was geht hier eigentlich vor? Was ist mit Clarissa?

Es ist die alte Geschichte, erfahre ich. Clarissa kann sich wieder einmal nicht zwischen Gerold und dessen Nebenbuhler entscheiden. Matthias rät zum Abwarten. Doch diesmal scheint Gerold derjenige zu sein, der von solchen Spielchen genug hat. „Was soll ich mit einer Frau, die vielleicht körperlich bei mir ist und dabei an einen anderen denkt. Herzlichen Dank. Darauf kann ich verzichten."

Matthias nimmt über den Tisch hinweg zärtlich meine Hand. „Was bin ich froh, Marita, dass du da ganz anders bist und weißt, wohin du gehörst." Verlegen wende ich meinen Blick ab und schaue genau in Gerolds Augen, in denen Tränen schimmern. Geht ihm die Geschichte mit Clarissa doch näher als er zugeben will? Warum sieht er mich so eigentümlich an? Verdammt noch mal, der soll mich nicht so ansehen! Merkt er denn nicht, dass er meinen gerade gewonnenen inneren Frieden zerstört und damit mein Lebenskonzept mit einem Schlag zunichte macht?

Der Augenblick verfliegt, wie nie da gewesen. Matthias verdonnert uns zum Abwaschen, und die alte Fröhlichkeit, die den Abend einläutete, stellt sich rasch wieder ein. Obwohl ich für mich den Eindruck habe, Gerold und ich gehen jetzt nicht mehr so frei miteinander um. Eine leichte Befangenheit steht zwischen uns. Als sich unsere Hände beim Geschirreinräumen berühren, zucken wir beide erschrokken zurück.

Für einen Moment scheint die Welt stillzustehen. Ich verspüre ein merkwürdiges Ziehen in meinem Bauch. und ich weiß, das ist das Gefühl, auf das ich ein Leben lang gewartet habe.

Ein Song der Gruppe „Novalis", den ich gestern mit Matthias auf dem Theaterplatz hörte, schießt mir in den Kopf:

„Wer Schmetterlinge lachen hört, der weiß wie Wolken schmecken ..."

Für den Rest des Abends bestreitet Matthias das Gespräch überwiegend allein. Gerold und ich sind verstummt. Es gibt auch keine freundschaftliche Umarmung zum Abschied zwischen uns, sondern nur einen Händedruck. Matthias äußert sich dazu überrascht. „Was ist los, seid ihr euch böse?" Wir schütteln beide vehement den Kopf.

***

Viele neue Eindrücke habe ich gewonnen. Die Zeit, die ich am Deich verbrachte, ließ viele Kindheitserinnerungen aus der Hamburger Zeit in mir aufsteigen. Damals kannte ich Berge nur von Bildern. Heute kann ich mir ein Leben ohne Berge kaum noch vorstellen. Tja, der Mensch ist ein Gewohnheitstier, das ist wohl wahr.

Ich unterbreche meine Fahrt nach Bayern und mache Rast bei meinem Vater in Winsen an der Luhe. Die Freude ist auf beiden Seiten riesig. Nach einer langen Umarmung muss Vater natürlich erst einmal Stanislaus bewundern, was er auch gebührend tut.

Abends schlägt Vater einen Spaziergang vor. Ich hatte mich auf einen ruhigen Abend gefreut und frage mich, warum die Menschen in meinem Umfeld mir ständig Bewegung vorschlagen. Vater lacht, als er von meinen langen

Märschen an Matthias Seite hört. „Dann will ich nicht auch noch jemand sein, der dich durch das Gelände scheucht. Ich mache dir einen Vorschlag, die paar Meter bis zur Pizzeria werden deine wunden Füße noch gerade schaffen. Dort lassen wir uns nieder, essen Pizza und trinken Lambrusco."

Na bitte, warum nicht gleich so, denke ich. Das hört sich doch schon viel besser an. Und es wird ein schöner Abend.

Das Weintrinken überlasse ich allerdings lieber Vater und begnüge mich mit Säften. Mit Dr. Konrad habe ich zwar besprochen, dass es auf Dauer keine Lösung ist, dem Alkohol ganz aus dem Weg zu gehen; besser ist es, den richtigen Umgang damit zu erlernen. Doch bis zum heutigen Tag fühle ich mich noch nicht stabil genug und möchte einfach kein Risiko eingehen.

Zu Hause angekommen, werde ich mit Neuigkeiten überhäuft. Es kommt mir vor, als wäre ich Monate weggewesen und nicht eine Woche. Christopher ist auf die Welt gekommen. Ute und Kurt sind stolz über die Geburt ihres ersten Kindes. Sie schreiben, es gäbe nur eine Patentante, die in Frage käme, nämlich mich. Das sei mir hoffentlich klar. „Eine Absage kommt nicht in Frage."

Ich freue mich riesig für Ute und Kurt. Ob ich die Patenschaft übernehme, bezweifle ich jedoch. Noch im letzten Jahr hätte ich mich gebauchpinselt gefühlt und postwendend zugesagt. Heute versuche ich Dinge für mich im Vorfeld zu klären, und das setzt Auseinandersetzung voraus. Ich muss mir, bevor ich eine Zusage gebe, erst darüber im Klaren sein, welche Verpflichtung ich mit der Patenschaft übernehme und ob ich sie im Ernstfall auch erfüllen kann. Eine gute Tante, die hin und wieder ein Geschenk schickt und sich ansonsten einen feuchten Kehricht um die Belange des Kindes schert, will ich auf keinen Fall sein.

Hermann und Frau Senkstaken kommen in zwei Wochen zurück. Die Entscheidung der beiden ist gefallen. Sie werden nur noch zurückkommen und die notwendigen Formalitäten erledigen, die der Verkauf des Hauses mit sich bringt. Ihr neuer Wohnort wird in der Nähe von Davos sein. Heiraten werden die beiden allerdings nicht. „Bei aller Liebe wollen wir nicht die Realität aus den Augen verlieren. Bei einer Heirat verzichtet Helma auf ihre Rente. Wir brauchen keinen Trauschein, um unsere Beziehung zu dokumentieren." Ganz meine Meinung!

Von Sigrid liegt leider eine Absage im Kasten. Zu der Zeit, in der wir sie besuchen wollten, verbringt sie mit ihrer Familie ihren Urlaub in Dänemark. „Sei nicht traurig, Marita, jetzt wo du motorisiert bist, gibt es bestimmt bald eine Gelegenheit, uns zu besuchen. Vielleicht im nächsten Winter? Gerade die Winterzeit hat hier in unserer Region einen ganz besonderen Reiz."

Eine Reise mit Stanislaus in die Schweiz? Im Sommer kann ich mir das gerade noch vorstellen – doch im Winter? Ich muss lachen. Man merkt, dass Sigrid mein Prachtstück noch nicht gesehen hat, sonst wäre sie mit ihrem Vorschlag sicher zurückhaltender gewesen. Da helfen auch keine Schneeketten. Aber schließlich gibt es Züge, denke ich. Bin ich eigentlich noch dieselbe Person, die damals vor Aufregung die ganze Nacht über nicht schlafen konnte, nur weil sie zur Kur in einen Zug steigen sollte? Kaum zu glauben.

Längst bin ich mir darüber klar geworden, dass ich niemals eine Frau sein werde, die alleine eine Weltreise unternimmt. Gerade gestern habe ich eine Illustrierte in die Hand bekommen, in der eine Frau begeistert von einer China-Reise berichtet, die sie alleine bewältigte. Meine Bewunderung für solche Frauen ist grenzenlos. Doch ich habe für mich beschlossen, dass ich gut damit fahre, wenn ich nicht nur mein Können, sondern auch die Grenzen meines Könnens akzeptiere.

Noch eine Neuigkeit erfahre ich heute. Abends klingelt meine Nachbarin Margret bei mir. Unser gutes Auskommen seit dem Tag unserer Aussprache hat nicht nur gehalten, sondern sich noch vertieft. Wir setzen uns nicht häufig zusammen und gehen dem anderen nicht ständig auf den Geist. Das scheint mir auch, da wir in einem Haus wohnen, notwendig zu sein. Doch sobald wir uns wieder gegenüber sitzen, stellt sich sofort Vertrautheit ein. Lange habe ich darüber nachgedacht, woher das kommt. Ich kann nur spekulieren. Ich glaube, es ist die ehrliche Umgehensweise miteinander, die unsere Beziehung so schön sein lässt. Wir können voreinander laut denken. Und das ist für eine Freundschaft unerlässlich. Margret sagte mal zu mir: „Unsere Freundschaft ist ohne Netz und doppelten Boden. Jeder von uns beiden weiß, dass keine Gefahr des Absturzes besteht, weil wir uns aufeinander verlassen können."

Es ist ein warmes, verlässliches Gefühl, das Margret in mir auslöst. Gerade deshalb trifft mich die Neuigkeit, die sie heute mitbringt, besonders. Die beruflichen Aufgaben, für die ihr Mann eingesetzt wurde, sind erledigt. Folgeaufträge gibt es nicht. Die berufliche Neuorientierung hat zwischen den Eheleuten auch dazu geführt, sich mit einer eventuellen Arbeitsaufnahme Margrets auseinander zu setzen. Margret erklärt mir, sie spiele schon lange mit dem Gedanken, wieder berufstätig zu werden. Schließlich habe sie nicht x-Semester Geologie studiert, um anschließend nur das Haus zu putzen und die Familie zu bekochen. „Solange Barbara noch klein war, konnte ich voll und ganz hinter meinem Hausfrauendasein stehen. Doch jetzt, wo Barbara zur Schule geht und dort gut zurechtkommt, ist mir ein Wiedereinstieg in das Berufsleben ganz wichtig. Nicht zuletzt wegen der sozialen Kontakte, die damit verbunden sind." Von Margret erfahre ich, dass sie ihren

Wunsch nach einem zweiten Kind, der mir seit Jahren bekannt ist, endgültig aufgegeben hat. „Damals war uns ein zweites Kind, das zusammen mit Barbara aufwachsen sollte, sehr wichtig. Ich selber war ein Einzelkind und habe darunter sehr gelitten. Alle unerfüllten Wünsche meiner Eltern wurden auf mich übertragen. Ich habe mich nur mit Mühe aus den Fängen meiner Eltern befreien können, da kam mir ein räumlicher Abstand, den Rainers Arbeit mit sich brachte, gerade recht, um mir über vieles klar zu werden. Heute fühle ich mich stark genug, meinen Eltern gegenüber zu treten. Auch Barbara wird es gut tun, wieder mehr Kontakt zu den Großeltern zu bekommen."

In meiner Traurigkeit um Margrets Wegzug registriere ich erst spät am Abend, dass Margret dann ja nach Bad Bederkesa zurückzieht. Das mildert den Schmerz, merke ich. Denn Bad Bederkesa ist ja nur eine halbe Autostunde von Bremerhaven entfernt. Wir würden uns also auf gar keinen Fall aus den Augen verlieren.

Ganz fest nimmt Margret mich in den Arm, bevor sie in ihre Wohnung zurückgeht. „Es ist schön, dass es dich gibt, Marita." Dieser Satz geht mir wie Öl hinunter. Wer hört von anderen nicht schon gern um seine Wichtigkeit.

Als ich hinter Margret die Tür schließe, ist es bereits nach Mitternacht. Trotzdem komme ich nicht zur Ruhe. Körperlich bin ich zwar müde, doch mein Geist arbeitet auf Hochtouren. Margret hat mit dem Rückzug in ihre Heimatstadt einen wunden Punkt getroffen, der mich schon seit längerem beschäftigt, den ich aber immer wieder zurückgedrängt habe. Matthias hat von Anfang an keinen Hehl daraus gemacht, dass er seine Arbeit liebt und auf gar keinen Fall bereit ist, zu wechseln. Eine enge Verbindung zwischen uns würde für mich bedeuten, ich müsse zu ihm ziehen. Das ist so klar, wie das Amen in der Kirche. Jetzt fängt mich die Rigorosität von Matthias zu stören an. Es ist nicht so, dass ich grundsätzlich etwas dagegen habe, an die Nordseeküste zu ziehen, es stört mich einfach die Selbstverständlichkeit, mit der er voraussetzt, ich habe zu ihm zu ziehen.

Kurt und Ute waren in einer ähnlichen Situation. Beide fühlten sich im Heimatort des jeweils anderen nicht wohl. Heraus kam als Kompromiss eine Stadt, die beide vorher kaum kannten. Und wie mir beide bestätigten, war es eine gute Entscheidung. Ich höre Kurt noch, „was hätte es genützt, wenn einer von uns beiden unzufrieden gewesen wäre und nur aus Gefälligkeit dem anderen gegenüber nachgeben hätte?“

Lieber Matthias, ich glaube, wir haben im Urlaub ein Problem, das es zu besprechen gilt!

Ein weiteres für mich bisher heikles Kapitel wurde heute Abend von Margret angesprochen: Berufstätigkeit. Längst bin ich mir darüber im Klaren, wie wichtig es für mich wäre, hier eine Entscheidung zu fällen und tätig zu werden. Ich kann mich jedoch zu Schritten in diese Richtung nicht aufraffen, weil ich nicht weiß, was ich will. Mit Sicherheit kann ich nur sagen, eine Tätigkeit im Büro möchte ich auf keinen Fall wiederaufnehmen. Ein Blick auf die Uhr gibt mir die Möglichkeit, wieder einmal dieses unangenehme Thema beiseite schieben zu können. Beim Einschlafen denke ich als Letztes: Morgen in der Sitzung mit Dr. Konrad packst du es endlich an.

Gesagt, getan. Hocherfreut greift Dr. Konrad die von mir angebotene Problematik auf. Die ersten Minuten der Sitzung vergehen mit Herumeierei. Ich überlege dies, überlege das, doch eigentlich ist das alles nichts Halbes und nichts Ganzes. Noch mal Schule? Ich werde 33 Jahre alt. Eine neue Ausbildung? Irgendwie fehlt mir dazu der Mut. Vielleicht liegt es daran, dass ich hinter keiner Richtung stehen kann.

Ein Satz des Arbeitsamtberaters am Ende des zehnten Schuljahres fällt mir ein. Nach den Eignungstests sagte er mir knallhart ins Gesicht. „Schade, dass du in den letzten Jahren so faul warst. Du hättest von deiner Intelligenz her jeden Beruf ergreifen können, der auf dem Abitur aufbaut."

Heute bereue ich meine damalige Faulheit und mein nicht gerade berauschendes Abschlusszeugnis der Mittelschule. Dr. Konrad tröstet mich: es gäbe keine faulen Schüler – nur unmotivierte. Das hört sich doch schon viel schöner an. Ich war also nicht faul! Nur unmotiviert! Mutter kann ich das nicht mehr unter die Nase reiben, doch Hermann werde ich diese Ansicht Dr. Konrads, die mir ausnehmend gut gefällt, bei unserer nächsten Zusammenkunft süffisant unterjubeln. Ich erinnere mich noch gut an seine ständige Herumbrüllerei, wenn er meine Zeugnisse sah.

Die Sitzung endet für mich wie bereits in der Nacht, als ich alleine über meine berufliche Situation nachdachte, mit der Gewissheit: In meinen alten Beruf, den ich zudem nicht einmal zu Ende lernte, gehe ich nicht zurück.

Dr. Konrad entlässt mich mit einer Aufgabe, die mich zunächst verwundert (aber das ist ja nichts Neues bei ihm), dann aber zunehmend an Reiz gewinnt. Ich werde einen Erfolgsfilm drehen! Nur für mich im Stillen Kämmerlein. Wenn ich will, kann ich diesen Erfolgsfilm in meinem Kopf drehen. Ich kann ihn auch aufschreiben oder auf Kassette sprechen. Wie ich die Aufgabe löse, bleibt mir überlassen. Wichtig ist nur, in meinem Film soll sich eine Frau Mitte Dreißig mit der Problematik auseinander setzen, wie ihr weiterer beruflicher Werdegang aussehen soll. Am Ende des Filmes soll sie zufrieden mit ihrer Entscheidung sein und sich wohl fühlen.

Die erste Woche vergeht mit Grübelei. Alle möglichen Berufe fallen mir ein. Dann endlich ist es soweit. Ich sage Matthias für das kommende Wochenende, an dem er mich besuchen wollte, ab (vertröste ihn auf den baldigen Urlaub) und beginne zu schreiben. Am Ende weiß meine Hauptdarstellerin – ich gebe ihr übrigens einen Namen und nenne sie Katharina – ganz genau, was sie will. Wie erlöst klappe ich mein Ringbuch zu und horche noch einmal in mich hinein. Alles ist stimmig! Mein Gefühl ist rund! Ich kann mit Dr. Konrad einen Termin vereinbaren. Ich habe die Aufgabe gelöst!

Aufgeregt und voller Spannung gehe ich in die nächste Sitzung. Diesmal eiere ich nicht herum und stelle sofort meinen Erfolgsfilm vor: Eine Frau, Mitte Dreißig, nimmt Urlaub, um sich über ihren weiteren beruflichen Werdegang Klarheit zu verschaffen. Sie hat sich in einer kleinen sauberen Pension eingemietet, in der sie freundlich aufgenommen wird. Sie fühlt sich sofort von den anderen Pensionsgästen angenommen, unter denen sich auch eine fast gleichaltrige Frau befindet, mit Namen Anne-Lisa. Beide Frauen fühlen sich zueinander hingezogen; haben, wie man so schön sagt, die gleiche Wellenlänge. Zehn Tage streifen die beiden durch den Ort und die umliegenden Wälder, dann ist Anne-Lisas Urlaub zu Ende. Als der Zug abfährt, bleibt meine Hauptdarstellerin traurig an der Bahnsteigkante zurück. Wehmütig sieht sie dem davoneilenden Zug nach. Die zehn Tage mit Anne-Lisa haben meiner Hauptfigur Katharina eine neue Welt eröffnet. Anne-Lisa hat viel von ihrer Arbeit gesprochen, die sie sehr in Anspruch nimmt. Sie arbeitet als Sozialpädagogin in einem Frauenhaus. Katharina, die bisher nur kurz einen Zeitungsbericht über die Entstehung von Frauenhäusern gelesen hat, ist fasziniert von der Power, die in Anne-Lisas Erzählungen steckt.

Sie erfährt von Anne-Lisa, wie wichtig es ist, dass Frauen etwas für Frauen tun. „Wir können einfach nicht zusehen, dass Frauen aus wirtschaftlicher Not, weil sie kein Dach über dem Kopf haben oder aus Angst, ihnen oder ihren Kindern könne etwas passieren, bei Männern bleiben, die sie quälen. Meistens durch Schläge, häufig aber auch durch seelische Grausamkeiten.“ Katharina ist erschüttert, welche Qualen viele Frauen aushalten müssen, weil sie nicht wissen, wohin. „Viele haben keine Verwandten, die sie in ihrer Not aufnehmen. Andere, die die Möglichkeit haben, familiäre Unterstützung zu bekommen, sind dort ihres Lebens nicht sicher. Diese Frauen müssen zunächst ein Dach über dem Kopf haben, unter dem sie sich geborgen fühlen können und das ihnen die Möglichkeit gibt, zur Ruhe zu kommen. Es ist darüber hinaus nicht damit getan, die Frauen und ihre Kinder so zu versorgen, dass sie satt sind und ein Bett zum Schlafen haben. Viele seelische Wunden müssen ausheilen. Da bedarf es schon einer großen Einfühlsamkeit von Seiten der Betreuer.“

Katharina gehen die Gespräche mit Anne-Lisa in den nächsten Tagen nicht mehr aus dem Kopf. Fast vergisst sie, weshalb sie sich ursprünglich in ihrer kleinen Pension eingemietet hat. Während der gesamten Zeit, die sie mit Anne-Lisa verbrachte, hat sie keinen Gedanken an ihren weiteren beruflichen Weg verschwendet. Jetzt durchzuckt es sie wie ein Blitz. Durch die Erzählungen Anne-Lisas hat sie schon längst ihren Weg gefunden, ohne sich dessen bewusst zu sein.

Keine langweilige Büroarbeit, keine trockenen Zahlen. Katharina ist überzeugt davon, dass zigtausend Frauen in diesem Land ihre Aufgaben in diesem Bereich mit Bravour meistern, für sie jedoch ist diese Materie gestorben.

Voller Spannung schaut Dr. Konrad mich an. „Und wie geht Ihr Film aus, Marita?“.

Erstaunt schaue ich auf und muss mich erst einmal zurechtfinden; so stark habe ich mich mit meiner Hauptfigur identifiziert. Es dauert einen Moment, bevor ich ihm antworten kann.

„Sie fährt nach Hause und macht sich über Frauenhäuser schlau. Sie liest viel über das Thema Gewalt und spricht mit engagierten Frauen, die in der Frauenhaus-Arbeit aktiv sind. Leider fehlen ihr zunächst die schulischen Voraussetzungen, sich für eine Arbeit im Frauenhaus zu bewerben, doch auch dieses Problem lasse ich meine Katharina lösen. Sie arbeitet zunächst ehrenamtlich in einem Frauenhaus und besucht abends eine weiterführende Schule. Es ist ein langer Weg, den Katharina geht, doch er lohnt sich. Mit Engagement und der notwendigen Sensibilität schafft sie es, an ihrem vierzigsten Geburtstag eine Stelle als Sozialpädagogin in einem Frauenhaus anzutreten bzw. ein Frauenhaus zu leiten."

Dr. Konrad ist begeistert. „Und wann, Marita, wollen Sie mit Ihrer Arbeit anfangen?"
„Am besten gestern", antworte ich.

***

Am allerliebsten möchte ich den Urlaub mit Matthias sausen lassen. Es brennt mir unter den Nägeln, mehr über Frauenhäuser zu erfahren. Über meine Motivation bin ich mir schon lange klar geworden. Ich selbst war in solch einer Notsituation, in der ich nicht mehr ein noch aus wusste. Sehr gut noch ist mir die Zeit in Erinnerung, in der ich verzweifelt nach Lösungen suchte, Rüdiger zu entkommen. Damals hatte ich kein Geld, mir eine eigene Wohnung zu nehmen, und selbst wenn ich finanzielle Hilfe von Hermann bekommen hätte, so hätte mir immer noch der Mut gefehlt, mich auf ein Alleinleben einzulassen. Wenn ich damals Unterstützung durch andere Frauen gehabt hätte, wäre vielleicht vieles anders verlaufen. So sah ich zum damaligen Zeitpunkt keine andere Möglichkeit, als mich durch Tabletten aus der Situation zu stehlen. Dass es meine Seele war, die schrie und nach einem Ausweg suchte, war mir nicht klar. Meine Schmerzen dienten, wie ich heute weiß, dem Ablenken von meiner inneren und äußeren Einsamkeit. Wenn ich eine ausreichend hohe Dosis zu mir nahm, spürte ich gar nichts mehr. Weder die Leere noch die Schmerzen, die mich darauf hinweisen wollten.

Das Erlebte und die Konfrontation damit würden an sich Grund genug sein, auf den anstehenden Urlaub zu verzichten. Ich habe allerdings lange über meine Darstellerin Katharina nach der Sitzung mit Dr. Konrad nachgedacht. Es gibt etwas, was mir überhaupt nicht gefällt: Sie geht nur in ihrer Arbeit auf und das ist etwas, was ich für mich nicht möchte. Ich habe Angst davor, mich total auf Frauenhaus-Arbeit zu fixieren und dann mich und meine Bedürfnisse wieder einmal zurückzustellen. Das möchte ich auf jeden Fall vermeiden. Arbeit scheint mir ein wichtiger Pfeiler für mein Leben zu sein, doch Arbeit allein ist nicht alles, erkenne ich für mich.

Noch ein weiterer Punkt bereitet mir Kopfzerbrechen. Ich habe selbst Situationen erlebt, in denen ich Angst vor einem Mann hatte. Wie wird das sein, wenn ich mit dieser Angst wieder konfrontiert werde? Kann ich den Frauen, die in einer misslichen Situation stecken, gerecht werden, oder werde ich verängstigt und eingeschüchtert den Rückzug antreten? Was ist, wenn ich in meinem eigenen Hass auf gewalttätige Männer nicht mehr die Belange der Frauen sehe, sondern nur darauf aus bin, für mich und meine damaligen Verletzungen Rache zu nehmen?

Nach meinem Urlaub wird es vieles abzuklären geben. Ich begnüge mich in den noch verbleibenden vier Wochen mit Lektüre über die Erfahrungen mit Frauenhäusern. Ich vereinbare nach meinem Urlaub ein Gespräch in dem nächstgelegenen Frauenhaus, in dem ich mich um eine ehrenamtliche Arbeit bemühen werde. Es gefällt mir gut, dass mich die Leiterin, die für diesen Bereich zuständig ist, bereits am Telefon duzt. Es gibt mir das Gefühl der Solidarität. Nun müsste ich mich um meinen weiteren Bildungsweg kümmern. Doch meine Kräfte sind zurzeit verbraucht. Ich will erst auftanken, bevor ich die nächsten Schritte unternehme. Nach dem Urlaub, nehme ich mir fest vor.

***

Es wird ein Urlaub, wie er nicht schöner sein könnte. Alles stimmt. Das Quartier in Heidelberg, um das Matthias sich gekümmert hat, ist fürstlich. Landschaftlich kann ich mich gar nicht satt sehen. Selbst das Wetter spielt mit. Matthias ist lieb und zuvorkommend, wie immer, seit ich ihn kenne. Auch über mein Liebesleben kann ich nicht klagen. Doch eine kleine unbestimmte Sehnsucht bleibt in mir, die ich nicht greifen kann.

Matthias hat den Urlaub so geplant, dass ihm am Ende noch eine Woche bleibt, die wir bei mir verbringen. In den Urlaubstagen haben wir alle Themen, „wann ziehen wir zusammen? Wollen wir heiraten? Wo wollen wir wohnen? Und vor allem, wollen wir Kinder?“ vermieden. Jetzt lassen sie sich nicht mehr umgehen.

Bis vor kurzem war ich mir noch ganz sicher, in Matthias den Mann für den Rest meines Lebens gefunden zu haben. Was ist passiert, dass ich mir eine Zukunft mit ihm nur noch schwer vorstellen kann? Alles ist doch okay: Matthias ist nett, um mich bemüht und ich kann mich bei ihm geborgen fühlen. Alles gute Gründe, nicht länger einen gemeinsamen Lebensweg hinauszuzögern.

Doch dieses unbestimmte sehnsüchtige Gefühl bleibt und lässt mich vor weiteren Schritten mit Matthias zurückschrecken. Matthias ist darüber sehr enttäuscht und zeigt dies auch deutlich, indem er zwei Tage vorher als abgesprochen heimreist. Ich verstehe mich selber nicht. Woher kommt bloß meine Unentschlossenheit?

Ich weiß mir keinen anderen Rat und vereinbare mit Dr. Konrad eine Sitzung, ganz außer der Reihe, denn eigentlich wäre ich erst in zwei Monaten wieder dran.

Dr. Konrad hört sich geduldig meinen Zwiespalt an und kommentiert dann lapidar: „Aber es fehlt etwas."

Bingo.

Ja, es fehlt etwas. Etwas ganz Entscheidendes. Ich liebe Matthias nicht. Ich mag ihn. Ich fühle mich in seiner Gegenwart überaus wohl. Er ist ein wichtiger Bestandteil in meinem Leben geworden. Und ganz ehrlich, welcher Frau schmeichelt es nicht, wenn ein Mann sich so um einen bemüht, wie Matthias sich um mich bemüht?

Ich habe in der Sitzung heute zwar Klarheit über meine Gefühle zu Matthias erhalten, mir dafür einen neuen Zwiespalt aufgeladen. Kann ich unter diesen Umständen überhaupt mit Matthias ein gemeinsames Leben beginnen? Wird seine liebenswerte Art eines Tages dazu führen, dass ich seine Gefühle erwidern kann? Was ist, wenn wir Kinder haben? Werden sie nicht merken, wie Seismographen, die schon das kleinste Erdbeben registrieren, dass es von Mutters Seite nicht die große Liebe ist, die sie Vater entgegenbringt?

Andererseits werde ich bald 33 Jahre alt. Wenn ich eine Familie gründen möchte, wird es Zeit. Von wegen der biologischen Uhr und so. Vielleicht, überlege ich im Hinblick auf meinen anstehenden Geburtstag, bin ich einfach nicht so schnell zu entflammen. Das sagt man den Jungfraugeborenen ja nach, dass sie mit beiden Beinen auf der Erde stehen und ihre Gefühle möglichst unter Kontrolle halten.

Warum, verdammt noch mal, veranstaltet mein Herz dann doppelte Saltos, wenn ich an Gerold denke? Gerold, der für mich unerreichbar scheint.

Meine Beziehung zu Matthias ist mir zu wichtig, um sie einfach so, von heute auf morgen, zu beenden. Ich brauche Zeit, um die Fragen, die in mir gären, beantworten zu können. Auf gar keinen Fall will ich mich überfordern und mich zu einer Entscheidung zwingen. Ich habe in der Therapie gelernt, das alles seine Zeit braucht, und die will ich mir auch zugestehen. Früher (in meinem alten Leben) hätte ich bei einem solchen Konflikt in meinem Inneren für nichts weiter Augen und Ohren gehabt und alles andere darüber vernachlässigt. Diese Fixierungen auf eine Sache, die für mich nicht rund ist, dulde ich in meinem Alltag nicht mehr. So verfolge ich hartnäckig meine Pläne nach einer Erweiterung meiner Schulbildung und einer Tätigkeit im Frauenhaus weiter.

Die Schulsituation ist schnell geklärt. Ein kleiner Test genügt, und ich starte noch in diesem Herbst mit einem Vorlaufsemester, das mir die Möglichkeit gibt, im nächsten Frühjahr in das Abendgymnasium einzusteigen. Vier Jahre liegen vor mir, in denen ich vier mal die Woche abends für einige Stunden wieder die Schulbank drücken werde. Diesmal bin ich – im Gegensatz zu früher – motiviert. Ich habe ein Ziel.

Das Gespräch mit Beate, der Leiterin des Frauenhauses, die mir bereits am Telefon so entgegenkommend vorkam, verlief so positiv, wie ich es erhoffte. Ein paar Stunden vorher wurde mir doch etwas sonderbar zumute. Doch meine Strategien, die ich einst in der Therapie entwickelte, helfen mir auch im Alltagsleben weiter. Flugs schrieb ich mir einen Leitsatz, „ich glaube daran, dass das Gespräch positiv verläuft“, und steckte ihn mir in die Handtasche. So gewappnet mit positiven Gedanken, kann das Gespräch nur gut verlaufen, denke ich auf dem Hinweg zum Frauenhaus.

Beate ist über mein Engagement sehr erfreut, will aber von mir genau wissen, was mich bewegt, eine Arbeit anzunehmen, die alles andere als leicht ist. Und das noch unentgeltlich. Unversehens berichte ich von meinen eigenen Erfahrungen mit Gewalt und verschweige auch nicht, welche seelischen und körperlichen Verletzungen ich in der Ehe mit Rüdiger hinnehmen musste. Beate wirkt angespannt, als sie mich fragt: „Glaubst du, dass Rüdiger die Schuld an eurer schlechten Ehe hatte?"

Mit dieser Frage habe ich längst abgeschlossen, erkläre ich. Es sei keineswegs so, dass Rüdiger ein besonders schlechter Mensch gewesen sei. Vielmehr gehe ich davon aus, dass er eine Lebensgeschichte hinter sich hatte, die andere Verhaltensweisen nicht zuließ. Aufrechterhalten konnte er sie aber nur dadurch, dass er an eine Frau wie mich geriet, die letztendlich sein Spiel mitspielte. Er wusste genau, dass er alles mit mir machen konnte. Die notwendigen Grenzen wurden von mir ihm gegenüber nie gesetzt. Ich bin mir heute sicher, wenn ich keine Therapie begonnen hätte, in der ich mein Selbstwertgefühl aufbauen konnte, und nicht gelernt hätte, mich zu wehren, so wäre ich über kurz oder lang wieder an einen Mann geraten, der vielleicht nicht den Namen Rüdiger getragen hätte, aber von seiner Struktur sicher genauso gewesen wäre.

Bei meinen Unwertgefühlen wäre für einen Mann, der mir das Gefühl vermittelt hätte, er mag mich und nimmt mich ernst, in meinem alten Leben kein Platz gewesen.

Beate lauscht meinen Erzählungen ohne mich auch nur einmal zu unterbrechen. Ihre Zweifel, ob ich für eine Arbeit im Frauenhaus geeignet bin, scheinen verflogen zu sein. Sie stellt auf alle Fälle keine weiteren Fragen über mein

Leben, sondern schildert mir, für welche Tätigkeiten ich zunächst eingesetzt werde.

Meine Aufgabe wird zunächst darin bestehen, Frauen auf den notwendigen Wegen zu Behörden und Vermietern zu begleiten. „Viele Frauen sind so eingeschüchtert, dass sie nicht einmal alleine ihr Kind in einem Kindergarten anmelden können. Andere haben nicht einmal ein eigenes Konto. Deine Aufgaben werden vielfältig sein, Marita. Wichtig ist es, dass die Frauen lernen, eigenverantwortlich ihr Leben in die Hand zu nehmen. Manches Mal wirst du in Versuchung geraten, etwas für die Frauen zu erledigen, weil es schneller geht oder du die Hilflosigkeit der Frauen nicht länger ertragen kannst. Du erweist ihnen damit einen schlechten Dienst. Die Frauen müssen Schritt für Schritt herangeführt werden, sich selbst für ihre Dinge gerade zu machen. Sonst erhalten wir ihr System der gelernten Hilflosigkeit aufrecht. Und das würde an unserem Konzept vorbeigehen.“ Beate weist mich auf die Möglichkeit der Supervision (einmal pro Woche) hin, in der alles vorgestellt werden kann, was die Mitarbeiter bewegt.

„Du hast damit die Möglichkeit, Marita, Dinge, die dich belasten in die Supervision einzubringen. Im Austausch mit den anderen und vor allen Dingen mit entsprechender Anleitung der Supervisorin, hast du die Chance, dich und dein Verhalten besser verstehen zu lernen.“ Auf meine Frage, was denn eigentlich eine Supervisorin sei, antwortet Beate: „Eine Supervisorin schaut sich die Sachen an, die du mit in den Kreis bringst. Sie weist dich auf Dinge hin, die du nicht siehst, weil du zu nahe am Geschehen bist. Ihr Blickwinkel ist ganz anders als der derjenigen, die täglich in bestimmte Situationen eingebunden sind. In unser Verhalten haben sich Gewohnheiten eingeschlichen, die den Frauen vielleicht mehr schaden als nützen können. Ich nehme mich selbst davon nicht aus.“

Beate zeigt mir die Räumlichkeiten. Jede Frau, die aufgenommen wird, erhält für sich und die Kinder ein kleines Appartement, bestehend aus einem Schlafraum und einem Duschbad mit Toilette. Sieben Frauen, mit zusammen neun Kindern, leben zurzeit übergangsweise hier. Natürlich werden auch Frauen aufgenommen, die kinderlos sind oder die keine Gelegenheit haben, ihre Kinder mitzunehmen.

Es gibt einen großen Aufenthaltsraum, in dem auch die Mahlzeiten eingenommen werden, ein Spielzimmer und ein Büro. Alle Fenster sind vergittert, das habe ich bereits bei meinem Kommen gesehen. Ich finde es überaus bedrückend. Beate kann meine Gefühle gut verstehen. „Mir ging es zunächst genau wie dir. Ich fühlte mich eingesperrt und hätte am liebsten eigenhändig alle Gitter von den Fenstern geschraubt. Aber es ist nun mal unsere Aufgabe, den Frauen, die zu uns kommen, den größtmöglichen Schutz zu gewähren. Ganz für ihre Sicherheit können wir sowieso nicht garantieren. Zu oft sind schon Frauen, wenn sie das Haus hier verließen, von ihren Männern angegriffen worden. Mir ist es schon passiert, dass ich meinen Dienst antreten wollte und mir ein Mann unvermutet eine Pistole an die Schläfe hielt. Er drohte, zu schießen, wenn ich nicht sofort die Tür öffnen würde. Ich kann mir bis heute nicht erklären, wo er sich aufgehalten hat, bevor er mich bedrohte. Ich habe mit Engelszungen auf ihn eingeredet. Gott sei Dank hat eine Praktikantin den Vorgang im Haus verfolgt und geistesgegenwärtig sofort den Polizeinotruf ausgelöst. Kurze Zeit später war der Spuk vorbei. Erst da fingen meine Beine an zu zittern. Du siehst also, Marita, dass du dir genau überlegen solltest, auf was du dich einlässt.“

Es wäre eine glatte Lüge, wenn ich sagen sollte, dass mich das Gehörte nicht berührt. Doch ich habe mich für eine Arbeit mit Frauen in Not entschieden und bin wild entschlossen, mich nicht unterkriegen zu lassen.

„Auf gute Zusammenarbeit!“ Fest ist Beates Händedruck als ich mich verabschiede.

In der nächsten Woche werde ich die ersten Stunden im Frauenhaus an Beates Seite verbringen, damit sie mich entsprechend einweisen kann. In Zukunft werde ich mittwochs, wenn ich keine Abendschule habe, vormittags mitarbeiten und am Sonnabendmorgen mit den Frauen gemeinsam das Essen für das Wochenende vorbereiten.

***

Matthias ruft mich abends an. Er hat große Sehnsucht und möchte mich gerne für ein paar Tage besuchen. „Wenn du möchtest, kann ich es so einrichten, dass ich an deinem Geburtstag bei dir bin.“ Ach, du Schreck, den hätte ich beinahe vergessen. Es stürmt im Moment so viel auf mich ein, dass ich keinen weiteren Gedanken daran verschwendet habe.

Vielleicht ist es ganz gut, wenn ich Matthias sehe und mit ihm noch einmal über meine Zweifel, die ich bei dem Gedanken an eine gemeinsame Zukunft verspüre, sprechen kann. Leicht wird es allerdings nicht sein, denn schon die kleinste Bemerkung von mir in diese Richtung lässt Matthias sofort wieder einschnappen. So war das auch bei unserem letzten Treffen, fällt mir ein. Da hat er sogar früher als abgesprochen seine Koffer gepackt. Am Telefon ist es aber sowieso nicht gut, so ein Thema anzusprechen. Andererseits verspüre ich absolut keine Lust, mit Matthias über das Wetter zu sprechen, wenn mir ganz entscheidende Dinge auf der Seele brennen. So verläuft unser Telefongespräch sehr karg und endet mit einer Verabredung in vierzehn Tagen bei mir.

Für das nächste Wochenende steht Margrets Umzug an. Ich habe es übernommen, für das leibliche Wohl der Helfer zu sorgen und mich gleichzeitig um Barbara zu kümmern. Ich stürze mich schon am Donnerstag voller Elan in die Vorbereitungen. In den letzten Monaten ist mir Margret so ans Herz gewachsen, dass ich richtiggehende Aggressionen den Leuten gegenüber verspüre, die in Margrets Wohnung einziehen. Margret lacht laut auf, als ich ihr das sage. „Marita, manchmal bist du ein Kindskopf. Aber es tut mir gut, zu wissen, wie sehr du mich vermissen wirst."

Wie immer in meinem Leben passiert entweder gar nichts oder alles auf einmal. Jetzt befinde ich mich in letzterer Phase. Hermann und Frau Senkstaken – ich sage mittlerweile Helma zu ihr und empfinde es auch nicht mehr als Verrat an Mutter – haben endgültig alle Formalitäten abgewickelt und laden zum Abschied ein. Und das für den Samstagabend, an dem Margret mich tagsüber für den Umzug eingeplant hat. Kurts Lieblingsspruch fällt mir ein, „was uns nicht umbringt, macht uns hart". Das kann ich dann am Samstag gleich ausprobieren.

Hermann begrüßt mich etwas angesäuert, während Helma mich warmherzig willkommen heißt. Durch Margrets Umzug bin ich etwas spät dran und komme als Letzte der geladenen Gäste. Ah, tut das gut; den ganzen Tag über habe ich andere versorgt, jetzt kann ich mich an den gedeckten Tisch setzen. Die Stimmung ist ausgelassen, und erst zu später Stunde fällt mir wieder auf, wie merkwürdig sich Hermann mir gegenüber benimmt. Es lässt mir einfach keine Ruhe, und da Hermann sich mitten im Gespräch befindet, wende ich mich an Helma. „Was ist bloß mit Hermann los, habe ich ihm etwas getan?"

„Hermann ist sauer, dass du es abgelehnt hast, bei Kurts erstem Kind die Patenschaft zu übernehmen. Er findet es ungehörig, einem Bruder solch eine Bitte abzuschlagen. Nimm es ihm nicht krumm. Männer, die älter werden, sind manchmal etwas sonderbar. Sie sind nicht so flexibel wie wir Frauen, Marita.“ Helma lacht.

Wie war das? *Ich bin nicht dazu da, die Erwartungen der anderen zu erfüllen.* Schweren Herzens habe ich Kurt und Ute abgesagt. Nicht zuletzt deswegen, weil meine Einstellung zur Institution Kirche zurzeit immer noch ungeklärt ist. Hermanns Verhalten enttäuscht mich schon. Doch wenn ich zu mir ehrlich bin, muss ich mir eingestehen, auch Hermann ist nicht dazu da, meine Erwartungen zu erfüllen.

Kurt und Utes Verhalten mir gegenüber ist herzlich wie immer. Sie scheinen bedeutend weniger Probleme mit dem Zurückweisen der Patenschaft zu haben, wie Hermann. Utes Eltern haben sich riesig gefreut, dass sie gefragt wurden, und haben sofort ohne weiteres Nachdenken zugesagt.

Ich hake Hermann für heute ab. Er war schon immer ein Brummbär, wenn irgendetwas nicht nach seiner Mütze geht. Das nächste Mal, wenn wir uns begegnen, wird alles wieder vergessen sein, so weit kenne ich ihn.

Im Morgengrauen kehre ich in meine Wohnung zurück. Bevor ich die Haustür aufschließe, werfe ich einen Blick auf Margrets Wohnung. Kahle Fenster ohne Gardinen sehen mich wie große Höhlen an. Plötzlich friere ich trotz dieser schönen Sommernacht. Abschied nehmen ist schwer.

Und mir steht in diesem Jahr noch ein besonderer Abschied bevor. Nach drei Jahren Therapie werde ich Abschied nehmen von Dr. Konrad.

***

Der erste Tag im Frauenhaus gefällt mir gut. Ich bin danach so aufgedreht, dass ich nicht alleine sein kann mit all dem Neuen, das auf mich einstürmt. Deshalb beschließe ich, ohne vorher bei Laura anzurufen, die sechzehn Kilometer bis zu ihrem Haus in Kauf zu nehmen. Unangemeldet stehe ich vor ihrer Tür. Große Enttäuschung bei mir als auf mein Klingeln niemand öffnet.

Schade. Ich beschließe, wieder unverrichteter Dinge nach Hause zu fahren. Kaum habe ich die Tür von Stanislaus geöffnet, biegt Laura mit der Zwillingskarre um die Ecke. Tim und Jenny juchzen vor sich hin als sie mich sehen. Ich bin ganz gerührt über die Freude der beiden Steppkes, denn sehr oft bekommen sie mich nicht zu sehen. Umso angenehmer bin ich von ihrer Wiedersehensfreude berührt. Bis zu dem Moment, wo ich entdecke, dass die Juchzerei nicht mir gilt, sondern einem Terrier, der sich von Baum zu Baum durchschnüffelt.

Laura sieht mir sofort an, wie sehr ich heute einen Menschen brauche, mit dem ich mich austauschen kann. Ohne lange zu überlegen, klingelt sie bei ihrer Nachbarin Inge und liefert die Zwillinge bei ihr ab. Über meine Frage, ob Inge das nicht zu viel wird, muss Laura lachen. „Das merkt Inge gar nicht. Sie hat fünf Rangen, die sie wie die Orgelpfeifen aufstellen kann." Diese blonde zierliche Frau, die nicht einmal hundert Pfund auf die Waage zu bringen scheint und aussieht, als wäre sie keinen Tag älter als fünfundzwanzig, soll schon fünf Kinder haben?

Laura nickt. „Und ob. Inge ist die beste Mutter, die du dir denken kannst. Vorigen Monat hat aber selbst sie die Nase voll gehabt von der wilden Toberei der Kinder. Kurzentschlossen hat sie den Jüngsten aus seinem Laufställchen gehoben und sich selbst mit einem Taschenbuch hineingesetzt. Mit den Worten ‚Kinder, die Wohnung gehört euch' hat sie sich dann ihrem Buch zugewandt." Prustend und lachend betreten wir Lauras Wohnung. Ich weiß, es war eine gute Entscheidung, zu ihr zu fahren. Sie tut mir in Stresssituationen immer besonders gut.

Die nächsten zwei Stunden vergehen bei einer Riesenkanne Kaffee wie im Flug. So vieles ist passiert, wovon Laura noch nichts weiß. Auch bei Laura gibt es große Neuigkeiten. Nach vielen Überlegungen und Hin- und Her-Rechnereien sind Laura und Holger übereingekommen, ein Haus zu bauen. „Ich bin sicher, Tim und Jenny werden nicht unsere einzigen Kinder bleiben, und da ist es besser, beizeiten zu überlegen, wie wir auf Dauer wohnen wollen. Hier haben wir keine gute Bahn- oder Busanbindung. Die Kinder werden älter, und ich habe keine Lust, dann ständig den Chauffeur für die lieben Kleinen zu spielen. Die Zwillinge sind jetzt gut ein Jahre alt. Noch ein Jahr, dann sind sie aus dem Gröbsten heraus. Wir wollen mit Geschwistern für die beiden nicht mehr lange warten. Allerdings sind wir nicht so mutig wie Inge, die sich noch zwei Rabauken wünscht. Vier ist bei uns die allerletzte Grenze.“ Na, falls es das nächste Mal wieder Zwillinge werden, ist diese Schallgrenze schnell erreicht, denke ich bei mir.

Wie immer, wenn es um Kinder geht, fühle ich mich hin- und hergerissen. Von Herzen gönne ich Laura ihr Mutterglück. Das wehmütige Gefühl, das sich einschleicht, wenn ich mit jemandem über das Kinderkriegen spreche, gilt meiner eigenen Geschichte. Der Verlust des Kindes, noch bevor es geboren wurde, schmerzt nicht mehr. Zu viele Jahre sind inzwischen ins Land gegangen, und viele Tränen habe ich um den Verlust des Ungeborenen vergossen. Heute gilt meine Wehmut eher der verfahrenen Situation zwischen Matthias und mir, die es mir nicht ermöglicht, ja zu ihm und zu gemeinsamen Kindern zu sagen. Und ohne Matthias ein Kind großziehen? Das traue ich mir nicht zu. Außerdem weiß ich, wie sehr ich darunter gelitten habe, von heute auf morgen ohne Vater dazustehen.

Gerne würde ich mit Laura über meine Beziehung zu Matthias sprechen. Doch die Zeit, die Laura Inge gegenüber angegeben hat, ist inzwischen verstrichen. Ich hätte ein zu schlechtes Gewissen den beiden Zwergen gegenüber, wenn ich ihnen noch länger die Mutter entzöge.

***

Matthias kommt am Donnerstag später als abgesprochen an. Ein Unfall auf der Bundesstraße, nur zwanzig Kilometer von meiner Wohnung entfernt, hat für fast zwei Stunden die gesamte Fahrbahn blockiert. Von der langen Fahrt sowieso erschöpft, reicht seine Kraft nur noch zu einem kleinen Imbiss und einer heißen Dusche. Dann schläft er auf der Stelle im Wohnzimmer ein.

Ich breite eine Decke über ihn und schaue mir das vertraute Gesicht an. Morgen muss ich mit ihm sprechen, nehme ich mir fest vor. Es geht so nicht mehr weiter. Matthias hat ein Recht darauf, zu wissen, wie es für ihn in Zukunft weitergeht.

Der Freitag verläuft recht harmonisch. Es ist schön, mit Matthias in Ruhe frühstücken zu können. Recht kurzweilig erzählt er kleine berufliche Begebenheiten. Bedauern schwingt in seiner Stimme, als er mir dann fast beiläufig erzählt, Gerold und Clarissa hätten sich jetzt endgültig getrennt. Mit harten Schlägen pocht mein Herz so laut, dass ich denke, Matthias müsse es auch hören. Gerold habe schon lange vermutet, dass Clarissa sich wieder nicht ganz für ihn entscheiden kann, und, so meint Matthias, er habe den Eindruck gehabt, das sei Gerold schon lange ziemlich gleichgültig gewesen. „Der Schluss-Strich unter diese Beziehung war längst fällig. Die Beziehung zwischen den beiden war nur noch eine Farce.“

Ich sehe Sonne, mich in das Thema Beziehung einzuklinken, doch schon ein vorsichtiges Herantasten wird von Matthias mit Abwinken im Keim erstickt. „Bitte, lass uns nicht schon wieder dieses unfruchtbare Thema verhackstücken. Ich bin noch erschöpft von der Fahrt gestern. Lass mich erst ein wenig zu Kräften kommen und dann sehen wir weiter."

Meine unzweifelhaft noch vorhandene Harmoniesucht drückt den hochkommenden Ärger, den ich verspüre, weg. Nicht gleich am ersten Tag Streit anfangen, rede ich mir selber gut zu.

Mit gutem Willen, der von beiden Seiten spürbar ist, verläuft der Tag mit Spazierengehen, Teetrinken und Faulenzen zunächst recht angenehm.

Kurz nach siebzehn Uhr packe ich meine Tasche und mache mich startklar für das Abendgymnasium. Matthias hat am Telefon meine neugewonnenen Aktivitäten sehr wohl mitbekommen. Deswegen versetzt mich seine Maulerei in Erstaunen. In kürzester Zeit entwickelt sich ein Disput zwischen uns, mit einer Schärfe, die noch nie von uns beiden dem anderen gegenüber angewandt wurde. Während ich den Standpunkt vertrete, den gerade begonnenen Verpflichtungen nachkommen zu müssen, besteht Matthias darauf, seine Meinung sei richtig. Demnach hätte ich mich für die Zeit seines Besuches von allen Aufgaben frei machen müssen. Wie soll das erst werden, wenn er erfährt, dass ich am morgigen Sonnabendvormittag fünf Stunden im Frauenhaus verbringen werde.

Meine Befürchtungen sind begründet. Matthias regt sich so auf, dass ich zeitweise denke, ich spreche mit einem ganz fremden Menschen. An diesen scheinbaren Lappalien entzündet sich ein Krach, der die gesamte Beziehung in Frage stellt. Ganz offensichtlich geht es bei unserer Fetzerei nicht um die Tatsache, dass ich nun einige Stunden aushäusig tätig bin. Vielmehr werden heute in diesem Streit die Machtverhältnisse unserer Beziehung geklärt. Ist dieses Streitgespräch der berühmte letzte Tropfen, der das Fass zum Überlaufen bringt?

Nur langsam beruhigen sich unsere erhitzten Gemüter. Zähneknirschend räumt Matthias ein, es wäre wohl sehr vermessen gewesen, zu erwarten, es würde sich alles um ihn drehen. Es habe ihn sehr geschmerzt, nicht mehr an erster Stelle zu stehen. „Überhaupt, Marita, du bist in letzter Zeit verdammt komisch zu mir geworden. Wenn dich etwas an mir stört, dann sag es."

Diese Gelegenheit kann ich mir nicht entgehen lassen. Jetzt oder nie, denke ich. Meine Zweifel, die ich schon geraume Zeit mit mir herumschleppe, kommen auf den Tisch. Meine Skepsis über eine gemeinsame Zukunft findet heute Gehör.

Es wird eine unschöne Auseinandersetzung. Wir sind nicht mehr laut und offensichtlich beide darauf bedacht, das Gespräch nicht noch mehr eskalieren zu lassen. Matthias zieht sich verletzt in sich selbst zurück. Immer deutlicher tritt im Laufe des Abends hervor, dass jede Menge Aggressionen in uns stecken, die wir uns bisher nicht eingestehen wollten. Doch jetzt gibt es kein Zurück mehr. Zu viele Worte sind im Laufe des Abends gefallen, um sie unter den großen Teppich kehren zu können, und so kommt es zwischen Matthias und mir zum Bruch. Ich hoffe, dass sich im Laufe der Zeit die Beziehung zumindest zu einer freundschaftlichen entwickeln wird. Doch davon will Matthias absolut nichts wissen. Wenn es aus ist zwischen uns, dann auch endgültig. Eine Freundschaft zu mir lehnt er rundweg ab. „Wie soll ich dir freundschaftlich gegenüber treten, wenn ich dich am liebsten in meine Arme nehmen möchte. Du muss doch einsehen, dass das nicht geht, Marita."

Noch in derselben Nacht reist Matthias ab. Am nächsten Morgen warte ich vergebens auf die Nachricht, dass er gut angekommen sei. Mittags fasse ich mir ein Herz und wähle die Nummer seiner Wohnung. Matthias meldet sich mit verschlafener Stimme. Erbost darüber, dass ich mir große Sorgen um ihn gemacht habe, die er mit einem einfachen Anruf „bin gut angekommen" hätte aus der Welt schaffen können, schimpfe ich los. „Du hättest dich wenigstens bei mir melden und Bescheid geben können, dass du gut angekommen bist." „Warum?" kommt von Matthias zurück. „Du bist es doch, die nicht mit mir leben will, warum bitte schön, soll ich mir noch Gedanken machen, wie du dich fühlst." Seine Verbitterung ist nicht zu überhören. Erbost knalle ich den Hörer auf die Gabel. Der kann mich mal kreuzweise, schwöre ich mir und nehme mir ganz fest vor, Matthias so lange nicht mehr anzurufen, bis er von sich aus auf mich zukommt.

Aus Erfahrung weiß ich, dass Tage, die so beginnen, auch so weitergehen. Doch keine Regel ohne Ausnahme. Der Nachmittag bringt nur Gutes. Im Kasten liegt Post von Sigrid. Es ist ein langer Brief, der mich an Sigrids Alltag teilnehmen lässt. Ich bereite mir eine große Kanne Hagebuttentee zu und genieße dabei Zeile für Zeile, die Sigrid mir schickt. Mit im Umschlag befinden sich Bilder ihres Dänemarkurlaubs. Das wäre jetzt auch genau das Richtige für mich, geht es mir durch den Kopf.

Das Klingeln des Telefons unterbricht mich in meiner Träumerei. Beate meldet sich am anderen Ende. Gelder, um die das Frauenhaus lange kämpfte, werden endlich zur Verfügung gestellt. Jetzt kann auch eine Nachtwache eingestellt werden, so dass die Tageskräfte nicht mehr umschichtig die Nächte mit übernehmen müssen. Beate fragt mich, ob ich nicht Lust habe, die Nachtschicht mit zwei anderen Kolleginnen zu übernehmen. Dienstbeginn ist abends 23 Uhr, Dienstende 6 Uhr früh. Die Halbtagsstelle (1 Woche arbeiten, zwei Wochen frei), wird relativ gut dotiert; mit meinem Unterricht ist das auch alles unter einen Hut zu bringen, es steht also nichts im Weg, ja zu sagen. Beate freut sich. „Dann arbeitest du wenigstens nicht umsonst."

Gerade habe ich die gute Nachricht sacken lassen, als erneut das Telefon klingelt. Margret ist am Apparat. Sie hat sich verhältnismäßig schnell wieder eingelebt, das größte Umzugschaos ist behoben – nun kann ich ihre Gastfreundschaft in Anspruch nehmen. „Vielleicht kannst du uns besuchen, wenn du dich das nächste Mal wieder in Bremerhaven bei Matthias aufhältst." „Darauf warte lieber nicht, Margret, denn bis das passiert, bist du sicherlich alt und grau geworden". Margret lässt nicht locker, bis sie alles von unserem Streit weiß.

„Wenn du willst, kannst du uns jederzeit besuchen, Marita. Vielleicht renkt sich mit Matthias alles wieder ein, wenn ihr euch beide beruhigt habt und wieder klar denken könnt. Halte mich auf dem Laufenden und ruf an, wann wir mit dir rechnen können."

Margret hat eigentlich Recht, überlege ich. Es sind bald Herbstferien, und eine kleine Luftveränderung täte mir ganz gut. Stanislaus macht in letzter Zeit öfter mal Zicken, so dass ich mich nicht traue, eine so weite Strecke mit ihm zu fahren. Da ist es mir schon sicherer, die Bahn zu nehmen.

***

Bevor es losgeht, nehme ich meine letzte Sitzung bei Dr. Konrad in Anspruch. Ein leichtes Ziehen stelle ich in meinem Bauch fest. Eine enorm lange Zeit hat er mich auf meinem Lebensweg begleitet, und mich dabei so vorsichtig und sensibel korrigiert oder bestätigt, dass es mir oftmals erst viel später auffiel. Achtzig Sitzungen sind eine Menge, doch viel entscheidender als die Häufigkeit scheint mir die Intensität während unserer Gespräche gewesen zu sein. Kennt mich ein Mensch mit all meinen Stärken und Schwächen so gut wie er mich kennt? Ich verdanke ihm viel, wenn er davon auch nichts wissen will. Er steht auf dem Standpunkt, das habe ich alles selbst gemacht, denn eine Therapie kann nur dann erfolgreich verlaufen, wenn der Patient ernsthaft an sich arbeitet und tatsächlich etwas in seinem Leben verändern will. Recht hat er: Die Wasch-mich-aber-mach-mich-nicht-nass-Methode, die ich in den ersten Sitzungen an den Tag legte, habe ich längst über Bord geworfen.

Mit einem lachenden und einem weinenden Auge beende ich diesen Lebensabschnitt.

Dr. Konrad bestärkt mich, die positive Seite des Abschieds zu sehen. Etwas Neues beginnt. „Vergessen Sie nicht, Marita, die Zeit, die Sie hier bei mir verbracht haben, steht ihnen jetzt zur freien Verfügung. Und nicht nur das. Das alte Quälende in ihrem Inneren, das Sie jahrzehntelang begleitete, wurde von ihnen bearbeitet. Sie haben das Chaos in ihrem Inneren beseitigt und in sich ein Großreinemachen veranstaltet. Auch das setzt Energie in ihnen frei, die Sie jetzt für neue Aufgaben einsetzen können. Immer wieder müssen wir Menschen in unserem Leben Abschied nehmen. Nicht nur von Menschen, sondern auch von Dingen, die uns ans Herz gewachsen sind. Auch von alten Gewohnheiten und erlernten Verhaltensweisen trennen wir uns nur schwer. Unser heutiger Abschied hat aber einen besonders freudigen Anlass: Sie brauchen mich nicht mehr."

Er hat ja so Recht, ich brauche niemanden mehr, der mich an die Hand nimmt und mir sagt, wo es langgehen soll. Ich kann den Weg, den ich gehen möchte, selbst wählen. Und ich bin bereit, die Verantwortung für mich und mein Handeln zu übernehmen. Denn nicht immer werden meine Schritte, die ich im Leben gehen werde, die richtigen sein. Doch auch zu den Fehlern will und werde ich stehen. Es sind *meine* Fehler, und ich kann aus ihnen lernen; meine Erfahrungen aus ihnen ziehen.

Ich merke (so geht es mir häufig in der letzten Zeit), wie tief und frei ich atmen kann. Jede Faser meines Körpers signalisiert mir: ich lebe. Meine Seele lässt mich eine Lebendigkeit spüren, die ich niemals in mir vermutet habe.

Mit einer Umarmung, wie sie inniger nicht sein könnte, verläuft der Abschied zwischen Dr. Konrad und mir. Es beginnt ein neuer Lebensabschnitt. So muss jemandem zumute sein, der den Kinderschuhen entwachsen ist und sein Elternhaus verlässt, weil die Zeit dafür gekommen ist.

***

Im Überschwang meiner Gefühle beschließe ich, abends noch einmal mein Glück zu versuchen, um mit Matthias ins Reine zu kommen. Es bedrückt mich außerordentlich, wie wir auseinander gegangen sind. Nach wie vor stehe ich hinter meiner Entscheidung, die Beziehung zu ihm nicht auf der Basis einer gemeinsamen Zukunft fortzusetzen. Warum, zum Teufel, soll es nicht möglich sein, uns auf freundschaftlichen Wegen zu begegnen? Und genau das biete ich Matthias nochmals an, als ich ihn nach einigen vergeblichen Versuchen endlich telefonisch erreiche.

Ich hätte mir die Mühe sparen können. Rigoros lehnt er wieder eine Freundschaft zu mir ab. „Das kannst du unmöglich von mir erwarten. Du weißt um meine Gefühle zu dir. Wie soll ich es aushalten, in deiner Nähe zu sein und dich nicht in meine Arme schließen zu dürfen." Die Trauer in Matthias Stimme ist unüberhörbar. Wie gern würde ich ihm helfen. Ich fühle mich hilflos und weiß mir keinen Rat. Alles Schöne zwischen uns scheint mir auf einmal zerbrochen. Haben wir gar nichts aus unserer Beziehung hinüberretten können? Oder bin ich wieder einmal zu ungeduldig in meinem Streben nach Harmonie?

Wie auch immer, ich sehe ein, es gibt zumindest zum jetzigen Zeitpunkt keine Möglichkeit, mit Matthias umzugehen, ohne Salz in seine Wunden zu streuen. Wohl oder übel werde ich die Situation zunächst so akzeptieren müssen, wie sie sich jetzt in unserem Telefonat darstellt.

Ich empfinde das Gespräch zwischen Matthias und mir dermaßen unerfreulich, dass ich von meiner geplanten Reise nach Bad Bederkesa nichts sage. Mein ursprüngliches Vorhaben, ihn unter allen Umständen besuchen zu wollen, wenn ich bei Margret zu Gast bin, verwerfe ich. Der Abschied zwischen uns verläuft entsprechend frostig von beiden Seiten.

Trotz später Stunde rufe ich danach Margret an, um mein Kommen anzukündigen. Margrets Freude ist unüberhörbar. „Toll, doch nun sag mir, was dich wirklich beschäftigt. So gut kenne ich dich, dass ich weiß, dass du keine Leute zu nachtschlafender Zeit aus dem Bett holst, wenn dir nicht etwas auf der Seele brennt. Schieß los, was hast du auf dem Herzen?“
Wenn Margret jetzt hier wäre, würde ich sie knuddeln. Dafür, dass sie nicht lange um den heißen Brei herumredet und mir das Gefühl gibt, immer für mich da zu sein.

Ich überschlage mich fast, als ich ihr von meinem Telefongespräch mit Matthias berichte. Ich kann gar nicht so schnell erzählen, wie es aus mir herausdrängt. Irgendwie scheint Margret sich aber aus meinem ganzen Kauderwelsch ein Bild machen zu können und gibt mir den Rat, Matthias erst einmal zur Ruhe kommen zu lassen. „Denk daran, Matthias hat nicht nur die Trennung von dir zu verkraften. Er muss auch damit fertigwerden, verlassen worden zu sein. Und gerade du weißt doch am besten, wie sehr so etwas am Selbstwertgefühl nagen kann."

Und ob. Die Zeiten, in denen mein Selbstwertgefühl gleich Null war, sind mir noch gut in Erinnerung. Ich beschließe, ich werde Matthias solange in Ruhe lassen, bis er selbst von sich aus eine freundschaftliche Basis sucht. „Und wenn das nie sein wird?", fragt diese lästige Stimme in mir, die immer alles ganz genau wissen will? „Dann ist mir ein Ende mit Schrecken lieber als ein Schrecken ohne Ende", gebe ich ihr contra.

Wenn ich nun schon mal bei dieser penetranten inneren Stimme bin, die sich nie danach richtet, ob sie erwünscht ist oder nicht, so will ich auch nicht verschweigen, dass sie mich in große Versuchung führt, nicht nur Margret und Familie zu besuchen, sondern auch einen Abstecher zu Gerold zu unternehmen. Ich bin hin- und hergerissen. Was hat er von der Trennung zwischen Matthias und mir schon mitbekommen? Vielleicht denkt er, ich will etwas von ihm, wenn ich zu ihm gehe (willst du ja auch – wieder diese ätzende Stimme, die immer das letzte Wort haben will). Vielleicht platze ich mitten in eine Versöhnung zwischen ihm und Clarissa. Das wäre so ungefähr das Letzte, was ich mir wünschen würde. Bei dem Gedanken an einen vielleicht verliebt um Clarissa herumturtelnden Gerold, stelle ich alle meine Überlegungen in dieser Richtung zurück und nehme mir vor, mich direkt an Ort und Stelle zu entscheiden, wenn ich mich nächste Woche in Bad Bederkesa aufhalten werde.

***

Eine Woche bin ich jetzt schon bei Margret zu Gast. Was mir besonders gut gefällt: Weder Margret noch Rainer machen sich große Umstände wegen meiner Anwesenheit. Die unkomplizierte Art der beiden hat dazu geführt, dass ich mich sofort einleben konnte. Und Barbara ist sowieso schnuffig wie immer.

Tagsüber, wenn Margret und Rainer zur Arbeit fahren und Barbara auf ihrem Weg bei der Oma absetzen, habe ich viel Ruhe und nehme mir die Zeit, mich in der herbstlich gekleideten Natur aufzuhalten und meinen Gedanken freien Lauf zu lassen. Immer häufiger gehen meine Gedanken dabei zu Gerold. Warum rufe ich ihn nicht ganz einfach an? Wir sind schließlich befreundet. Warum sollte ich mich also nicht bei ihm melden? Da ist doch nichts dabei.

Die Angst, Gerold könne um meine Gefühle ihm gegenüber wissen, nimmt mir den Mut, ihm zu begegnen, und so fahre ich nach vierzehntägigem Urlaub wieder nach Hause zurück, ohne die geringste Anstrengung unternommen zu haben, ihn zu treffen.

Schon auf der Zugfahrt nach Hause merke ich, wie unzufrieden ich mit mir und meiner Handlungsweise bin. Schisser, sage ich zu mir selbst. Du bist ein richtiger Feigling.

Es wird Zeit, dass ich morgen wieder mit meinem Dienst beginne, das wird mich auf andere Gedanken bringen. Die Arbeit ist so anstrengend, da wird keine Zeit sein, weiter an Gerold zu denken.

Meine Laune ist beim Erreichen meiner Wohnung auf dem Nullpunkt angelangt. Zu allem Überfluss läuft mir auch noch Herr Thiele im Hausflur über den Weg und will einen kleinen Schwatz beginnen. Bloß das nicht, stöhne ich innerlich. Nicht genug, dass dieser Widerling jetzt in der

Wohnung wohnt, in der Margret ihr Zuhause hatte, er stinkt auch noch unerträglich nach einer Mischung aus Knoblauch und Zwiebeln, dass sich mir der Magen umdreht. Und seine geile Art, wie er mich mit den Augen auszieht, kann ich auch nicht ertragen. Und heute schon gar nicht.

Ziemlich unhöflich drängle ich mich an ihm vorbei. Bevor ich mich versehe, hat er mir meinen Koffer aus der Hand gewunden und trägt ihn bis vor meine Wohnungstür. Erwartungsvoll bleibt er dort stehen. Nee, mein Lieber, auf die Belohnung, die du gerne hättest, kannst du lange warten!

Ich schließe die Tür auf, reiße ihm den Koffer aus der Hand und bevor er sich versieht, werfe ich ihm die Tür vor der Nase zu. Ich weiß, es ist nicht gerade die feine englische Art, wie ich mit ihm umgehe, doch bei Herrn Thiele kann man wirklich das Sprichwort anwenden „auf einen groben Klotz, gehört ein grober Keil“.

Die Wohnung empfängt mich kalt und ungemütlich. In der Post befindet sich auch nichts Angenehmes, und die Blumen, die nach einem in einer Zeitschrift hochgelobten Prinzip versorgt wurden, scheinen ein Survival-Training (aus dem sie nicht als Sieger hervorgingen) hinter sich zu haben. Wenn ich das nächste Mal verreise, greife ich doch lieber wieder auf die gute alte Art zurück und gebe Laura die Hausschlüssel zum Blumengießen.

Ich drehe die Heizung an, um wenigstens Wärme von außen zu bekommen und bereite mir einen Tee zu. Dabei lasse ich mir alle Vorzüge, die ein Single-Leben mit sich bringt, durch den Kopf gehen: Ich kann tun und lassen, was ich will (und mit wem ich will). Niemand wartet, dass ihm das Essen serviert wird. Und keiner kann über mein Chaos meckern (in dem ein System steckt, das allerdings nur mir bekannt ist).

Ich müsste rundherum glücklich sein und vor Freude ein Lied anstimmen. Stattdessen könnte ich mir die Augen aus dem Kopf heulen. Ich fühle mich einsam und bräuchte jetzt Arme, die mir Geborgenheit geben. Doch woher nehmen, seufze ich. Der heiße Tee regt meine Lebensgeister wieder an. Auch die Wohnung hat inzwischen eine Temperatur erreicht, die eine wohlige Atmosphäre entstehen lässt.

Ich schüttle die trüben Gedanken ab, rufe bei Margret an und gebe Bescheid, dass ich heil angekommen bin. In den nächsten Ferien werden wir wieder eine Woche zusammen verbringen; dann werde ich im Anschluss für zwei Wochen das Haus hüten, bis Margret, Rainer und Barbara aus dem Urlaub zurückkommen. Margret hat mich unter anderem zum Blumengießen verdonnert. Die Glückliche scheint nichts von dem hochgepriesenen System mitbekommen zu haben, das bei meinen Blumen zum Exitus führte.

***

Meine Unzufriedenheit hält noch den ganzen nächsten Tag an. Schlagartig mit Dienstbeginn bessert sich meine Laune. Ich werde von dem restlichen Team freudig begrüßt (tut das gut!) und rasch in die wichtigsten Ereignisse eingeweiht. Rosalie Harjes, eine Bewohnerin des Frauenhauses ist mit ihrem Sohn während meiner Abwesenheit wieder zu ihrem Mann zurückgegangen. Es schaudert mich, wenn ich daran denke, wie Rosalies Leben in Zukunft verlaufen wird. Als sie bei uns ankam, verunstalteten zahlreiche Blutergüsse ihr Gesicht und ihren Körper. Ein Fausthieb ihres Mannes hatte ihr das Nasenbein gebrochen. Wie sicher war sie sich gewesen, dass diesmal endgültig Schluss mit ihrem Mann sei. Ich frage mich, was wohl ausschlaggebend für ihren Entschluss war? War bei ihr die Angst vor dem Alleinleben so groß, dass sie lieber die Gewalttätigkeiten des Mannes hinnahm, statt sich zu wehren?

Ich denke an die vergangene Nacht. Ich habe mich alleine gefühlt, das ist richtig. Aber bin ich deshalb einsam? Ich habe Freunde, auf die ich zählen kann. Eine Arbeit, die mich ausfüllt. Kolleginnen, die ich mag und die mich mögen. Alles wichtige Pfeiler, die einem Menschen eine Lebensbasis bieten. Ja, ich wohne alleine – aber einsam bin ich deshalb noch lange nicht. Und lieber fühle ich mich hin und wieder mal alleine, als dass ich in einer Zweierbeziehung unglücklich bin.

Ich werde mein Leben meistern! Dr. Konrad hat den richtigen Entschluss gefasst, als er sich von mir verabschiedete. Eher als ich selbst erkannte er, dass ich alleine zurechtkommen werde. Ich erinnere mich, Dr. Konrad geht davon aus, dass nur ein Mensch, der gelernt hat, zufrieden alleine zu leben, auch in der Lage ist, eine glückliche Zweierbeziehung einzugehen.

Diese Sichtweise ist keineswegs immer angenehm, denn letztendlich bedeutet sie, dass nicht der Partner für unser Glück verantwortlich ist, sondern wir selbst einen Weg zu einem zufriedenen, vielleicht sogar glücklichen Leben finden müssen.

***

Heute feiere ich meinen fünfzigsten Geburtstag. In zwei Stunden werden die ersten Gäste eintreffen. Da bleibt noch Zeit für einen Rückblick.

Mein Erfolgsfilm, den ich vor Jahren in meiner Therapie mir vorstellen durfte, hat sich nur zum Teil verwirklicht: Ich bin jetzt stellvertretende Leiterin eines Frauenhauses in Norddeutschland, an dessen Aufbau ich maßgeblich beteiligt war. Mein Ziel, an meinem vierzigsten Geburtstag ein Frauenhaus zu leiten, hat sich also nicht erfüllt.

Grund dafür war ein Winzling von 53 cm, der knapp sechs Pfund wog. Der glückliche Vater platzte fast vor Stolz, als er die kleine Brigitte zum ersten Mal in seinen Armen halten durfte. Wenn es nach Gerold gegangen wäre, hätten sich gleich noch ein paar Kinder angemeldet – so fünf oder sechs hätte er sich gut vorstellen können. Das wäre mir des Guten denn doch zu viel gewesen; aber über eine Schwester oder einen Bruder für Brigitte hätte ich mich sehr gefreut. Doch wenn die Natur es nicht will, kann man nichts machen.

Heute ist Brigitte zwölf Jahre alt und hat Gerold und mich gut im Griff. Tante Hannes Wunsch, Brigittes Geburt noch zu erleben, hat sich erfüllt. Es war ihr sogar vergönnt, bei Brigittes Einschulung dabei zu sein. Zwar mit wackeligen Beinen, aber immer noch mit ihrem großen Herzen, das leider in den letzten Jahren immer schwächer wurde. Als ihre Kraft nicht mehr ausreichte, uns zu besuchen, fuhren wir in regelmäßigen Abständen zu ihr, bis wir vor zwei Jahren von ihr Abschied nehmen mussten.

Es gibt noch einen Menschen, den ich besonders gerne unter meinen Gästen gesehen hätte, auf den ich aber verzichten muss. Dr. Konrad starb im Alter von nur 53 Jahren an einer heimtückischen Krankheit, von der es keine Genesung gab.

Seine Worte aus der letzten Sitzung, dass jeder Abschied auch einen neuen Anfang enthält, werden mich immer begleiten.

Cornelia Riedlinger-Venzke

Lebensblüten

Gedichte nach der Diagnose Krebs

2000, 52 Seiten, 16,80 DM
ISBN 3-87159-028-2

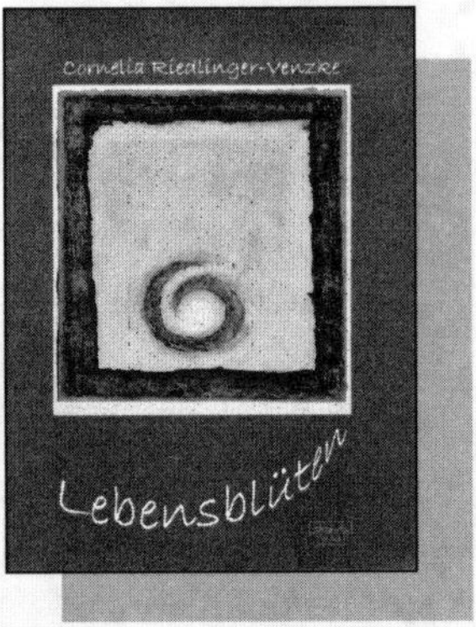

Gedichte sind Blumen, zu Farben verdichtete Lebenserfahrung auf Messers Schneide. Wenn die Diagnose „Krebs" auf einen Menschen herniederprasselt, brechen die Welten des bisher Gewohnten zusammen und alles, was geschieht und geschah, erscheint in einem anderen Licht.

Cornelia Riedlinger-Venzke beschreibt, was ihr – und mit ihr Millionen von anderen Frauen – durch diese Krankheit widerfährt. Gerade das ohne gewissen Ausgang ernsthaft gefährdete Menschenleben gleicht einer Wildwasserfahrt zwischen Untergehen und wieder Oberwasser bekommen. Dadurch gewinnt jedes dieser Gedichte an Intensität, Schärfe und Trennschärfe, auch und gerade wenn es sich um Alltäglichkeiten handelt. Trotz des Wissens um die Begrenztheit, aber auch wegen der Beschränktheit des Menschen und seines Lebens, schimmern immer wieder Satire, Ironie und schallendes Gelächter unter der ernsthaften Oberfläche dieses Erstlingswerkes hervor.

dgvt Verlag

Bitte fordern Sie unser Gesamtverzeichnis an!